オールド・ローズ・ブック

The Old Rose Book

バラの美術館

大場秀章
望月典子［著］

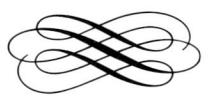

八坂書房

オールド・ローズ・ブック

目　次

オールド・ローズの肖像

――バラの植物学とバラ図譜――

大場秀章

バラは世界中で愛されている。バラのない庭園はめずらしいだろうし、切花にしてもその筆頭はバラではないだろうか。花をもつ植物である被子《ひし》植物は、地球上に二十万種ほどあると推定される。野生種だけでみれば、バラの仲間はそのうちの〇・一パーセントにも満たない百から百五十種に過ぎない。そんなマイナーな存在であるバラが、なぜ世界中で愛好される特別な花になったのだろうか。美しい花といっても人間の美意識は一様ではない。美しいからだけでは説明のつかない何かがバラの歴史に秘されている、と想像がつく。詳細は別にゆずるが、ローマ帝国時代に貴族や裕福な市民が偏愛したことが大きい。次にキリスト教が聖母マリアの花にした。やはりバラは単なる花ではなかった。だが、ひと口にバラといってもその多様さはたいへんなものであり、しかも毎年新しい栽培品種が生みだされていく。いったいいつの頃から、バラ熱が流行りだしたのだろう。時代によって流行にもちがいがあった。植物画は流行のバラを辿る歴史の証人でもある。

1 バラの植物学

バラの植物画を前にいささかの退屈は免れないが、まずバラの特徴や園芸化の歴史などについて概説しておくことにしよう。細部にわたっての知識も美しい花をより身近にするために、欠かせぬ大切な要素の一部であると私は思う。

自然界にあってはバラの仲間はどこに分布するのだろうか。北半球の温帯と亜熱帯で、北アフリカからヨーロッパを経て西アジア、コーカサス、ヒマラヤから中国、日本、シベリアに、新大陸ではメキシコからカナダにかけてがその分布範囲である。

バラの仲間のことを植物学ではバラ属《ぞく》と呼ぶ。その学名が *Rosa* だ。本書ではいちいちバラ属と書くのはわずらわしさもあり、特別な場合を除いて、単にバラもしくはバラの仲間と記すことにする。バラ属は百から百五十種からなる。ここで「種《しゅ》」といっているのは自然界にある野生種のことで、これらの種の人工的なかけ合わせ（交配）によって雑種が生みだされ、そのなかから優秀な個体を選択して育種することにより、おびただしい数の栽培品種（cultivar）が作出されている。「ピース」とか「クイーン・エリザベス」というのはこうして作出された栽培品種に与えられた名前である。本書ではとくに明記の必要がある場合、栽培品種名を属名もしくは種名の後に「　」で示した。

バラの特徴をかいつまんで述べてみよう。まず、いずれの種も低木であることだ。高い木になるバラや草のバラというのはない。枝が斜上するもの、はうもの、つる状となってからまるものなど、さまざまではあるが、みな低木である。どのバラにも刺《とげ》がある。刺には先がまっすぐなものと、鉤《かぎ》状に曲っているものとがある。しかし、いずれも鋭く、扱いに手を焼く。葉は茎に互生《ごせい》、すなわち互い違いにつく。ローザ・ペルシカ（*Rosa persica*）という種のほかは、すべて羽状複葉《うじょうふくよう》といって、奇数個の小葉《しょうよう》に分かれた葉をもっている。小葉の縁《ふち》には鋸歯《きょし》がある。葉の茎へ

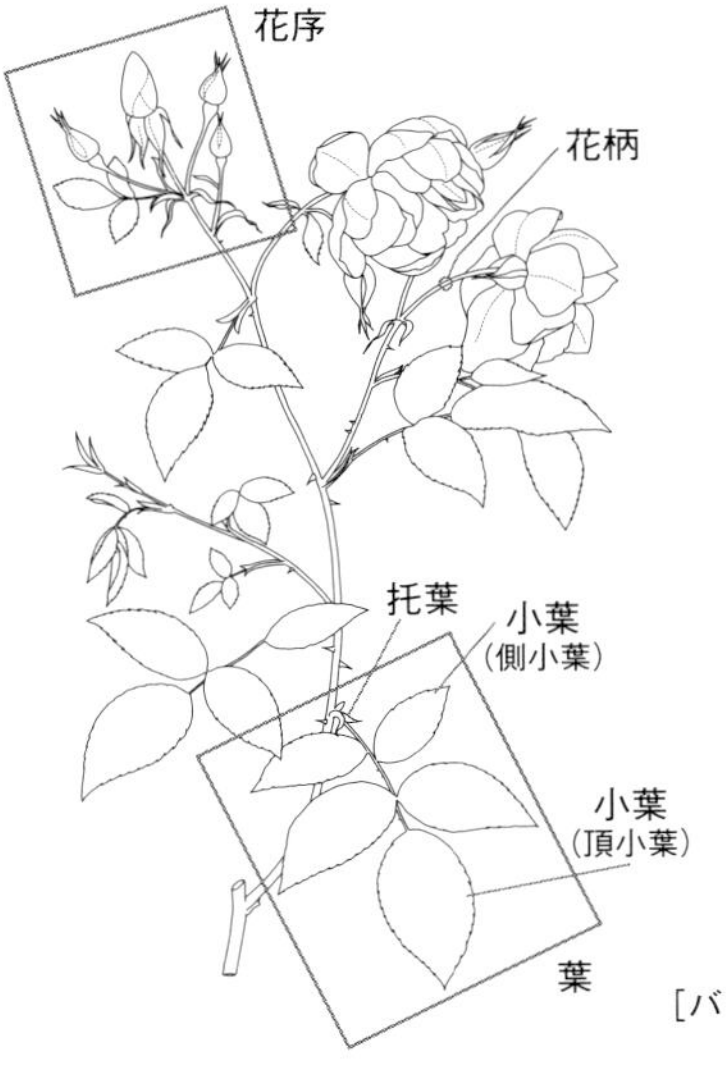

［バラの葉・花序・花］

のつけ根に托葉《たくよう》と呼ぶ部分がある。先に記したローザ・ペルシカには托葉がみられないが、ほかのすべての種には托葉がある。托葉は葉の柄にくっついているものもあれば、離れているものもあるなど、種によって特徴のある形状を示すので、バラの種や栽培品種を見分けるときには重要な目印となる。バラを描いたことで著名なルドゥーテの作品など、バラの植物画ではうるさいと感じるくらい托葉が目立つように描かれている。これは托葉がバラの重要な識別点になっているという意識による。

バラの花

バラには枝先にたった一輪の花をつけるものと、たくさんの花がつくものがある。たくさんの花がつく場合、そのつき方（花序《かじょ》）や咲く順序には一定の規則がある。

花はそれぞれの植物がもつ顔ともいうべき、個性溢れる魅力を秘めている。私たちが植物の観賞の対象としている中心にあるのも花である。

植物にとっての花はいうまでもなく生殖のための器官である。生殖とは、殖えることであり、生物の生物たる由縁にあたる行為にもかかわらず、植物の生殖はなぜか他力本願的なところがある。そもそも植物の生殖には雌雄の合体による有性生殖だけでなく、体の一部が新個体になってしまうような無性の生殖も広く行われているのである。しかもその有性生殖にしても、昆虫とか小鳥あるいは風に花粉の運搬をまかせてしまっている。そのため、花は昆虫や小鳥にとって目立つ存在でなければならなくなる。ハチやハエとわれわれ人間ではかたちや色のみえ方に差があるが、それはともかく花は目立つような方向に進化したのは事実だ。植物にしてみれば人目を引くのは受難であるかもしれないが、花を観賞するという意味では花の目立たない植物は園芸上ほとんど顧みられない。

バラに限らず、ふつう花は、萼《がく》、花冠《かかん》、雄《お》しべ、雌《め》しべという四つの部分からできている。いちばん外側の部分、すなわち、蕾《つぼみ》のときに外側に裸出している部分が萼である。この萼は下方の壺状の部分と上方の裂片の部分に分かれる。この壺状の部分（萼筒《がくとう》）の内側に雌しべがある。萼の裂片（萼裂片《がくれっぺん》）は五個で、先が長く芒《のぎ》状にとがる種や、毛を密生する種など、いろいろな変化がみられる。

萼の内側に配列する部分を花冠といい、花冠をつくっている一つひとつが俗にいう花びらで、専門的には花弁《かべん》と呼ぶ。この花弁が花の園芸上の価値の大半を決めているといっても過言ではない。バラ属は基本的には五個の花弁からなる花冠をつくるのだが、雄しべが花弁状に変化することによって、数を増した花弁をもつ花が生みだされる。半八重とか八重咲きというものがそれである。

花弁は紅色、黄色、白色など多様な色彩をもつだけでなく、精油成分を含んでいる。バラ水やバラ油を採るために、地中海沿岸地方や西アジアで多量のバラが栽培されている。製法にもよるがバラ油はふつうバラ花三〜四トンあたり一キログラムの収量があるといわれている。純粋のバラ油一滴分をえるのにざっと三十個の花がいるということになる。

雄しべは、雄性の生殖器で、糸状の花糸《かし》と呼ぶ部分の先に、花粉が収められた葯《やく》がある。雄しべは花粉を放出してしまえば、その役割を終える。雌しべは受精した胚《はい》を安全に種子にまで育て上げるので、そのためいろいろな防御手段が発達している。その雌しべとは対照的に、進化した植物ほど構造

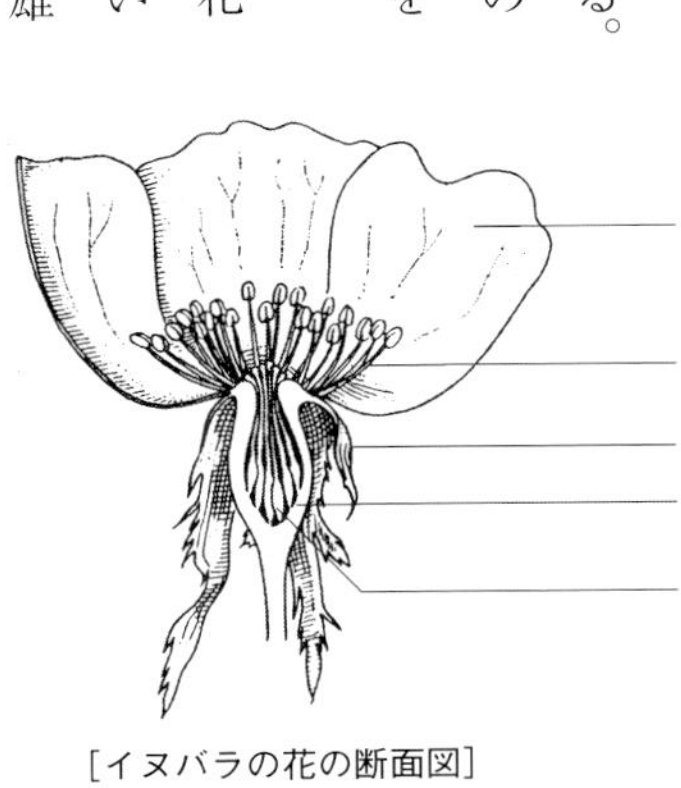

［イヌバラの花の断面図］

が単純化しているのが雄しべで、バラも例にもれない。ただし、バラでは萼や花冠がそれぞれ五個の花葉《かよう》からできているのに、雄しべはその三倍以上の数がある。もし雄しべも五個とか十個しかなかったら、バラの園芸はこれほどまでには発達しなかったであろう。なぜなら、五個や十個の雄しべでは、そのすべてが花弁状に変化したところで、三十、ときには五十を超す花弁からなる、豪華な八重咲きにはならないからである。

雌しべは萼筒の内側につくことはすでに述べたが、種によりその数の多いものと少ないものとがある。バラの雌しべは一つひとつが一個の花葉からできている。雌しべは胚珠《はいしゅ》を収めた子房、花粉をとらえる柱頭《ちゅうとう》とその間をつなぐ花柱《かちゅう》という三つの部分に区別できる。バラの花柱は一つひとつばらばらというものと、ノイバラの仲間（合着花柱群《ごうちゃくかちゅうぐん》）のように上方でくっついているものとがある。

雌しべが受精を終えて成熟したものを果実と呼ぶが、バラの果実は独特のかたちをしている。俗にバラの実《み》（ヒップともいう）と称されるのがそれで、その壺状をした部分は萼筒と雌しべが着床していた花床《かしょう》と呼ぶ花の基底部分が合着してできたもので、ほんとうの果実はその壺のなかにある。小さく痩せた種子のようにみえるので、痩果《そうか》という呼び名がついている。

いくつかの花を実際に手に取って、花葉を取り除き、花を丹念に眺めてみるとよい。種、ときには栽培品種によって細部にちがいがあることに気づくであろう。

2 バラの歴史

ギリシア・ローマ時代のバラ

現代の私たちは植物に接するとき、無意識的にそれが何かを含め、植物学の見地で認知しようとする。まず着目するポイントはかたちのちがいである。しかし花にはかたちのちがいのほか、色や香りのちがいもある。古代の人々はバラをどのようにみていたのだろう。

古代ギリシアの哲学者にして植物学の祖ともいわれるテオフラストスは、バラの仲間を二つの系統の異なる言葉で表記している。ひとつはバラ、rose につながるロードン rhodon 系の名称であり、もうひとつはクノスバトン（κυνόσβατον、kunósbaton）である。これは日本のノイバラやヨーロッパの野バラであるローザ・アルウェンシス（*Rosa arvensis*）などの合着花柱群に属する、ローザ・センペルウィレンス（*Rosa sempervirens*）だと考えられている。詳細は省くがロードン系のバラには、ローザ・デュメトルム（*Rosa dumetorum*）、イヌバラ（*Rosa canina*）、それに百もの花弁をもつというローザ・ケンティフォリア（*Rosa centifolia*）が含まれる。

バラを二つのグループに分けたのはなぜか。クノスバトンはつる性で、花は純白、たいするロードン系は低木で、花色はピンクだが白もある。白といってもクノスバトンのような純白でなく、ピンクがかることが多い。低木かつる性か、純白かピンクか、つまり習性と花色の差が基準にありそうに思える。rose の語源でもあるギリシア語のロードン rhodon の語にはバラ以外の植物も含んでいた。キョウチクトウやムクゲ、それにシャクナゲの仲間などだ。バラの樹を意味するロードデンドロン Rhododendron はシャクナゲの仲間であるツツジ属の学名だが、後世の人たちは紅色をした生き物や鉱物の名称に rhodo- の語を好んで用いた。

テオフラストスの観察は鋭い。彼はバラには花弁の数でのちがいがあり、あるものは五つだが、十二や二十、まれに百枚もあると述べているし、美しさ、色、香りの甘さのちがいも指摘している。ここでいう美しさとは、かたち、フォーム、のことだろうか。前にも述べたが、バラは五枚の花弁（花びら）をもつのが基本形で、多数ある雄しべの一部が花弁に転じる弁化《べんか》によって、いわゆる八重咲きが生まれる。自然下でもこうした弁化はまれに起こる。テオフラストスの記述は彼の時代、八重咲きのバラが存在し、しかもそれが認知されていたことを示している。

高名なヘロドトスの『歴史』にもバラについて言及した個所がある。それはフリギアの王ミンダスの美しい庭園に咲く六十の花弁をもつバラについてのもので、ヘロドトスは、これは彼の知るどのバラよりも強烈な芳香をもつと書いた。ミンダス王は後にマケドニアに追放されたとき、このバラを手放さずに持っていったのだという。

従来この六十の花弁をもつバラは、「百弁バラ」と俗称されるローザ・ケンティフォリア（*Rosa centifolia*）すなわち後で述べるプロバンス・ローズと考えられてきたが、これは誤りである。プロバンス・ローズは十七世紀末になってオランダで誕生した新しい交配種で、ギリシア時代に存在したとは考えられない。ギリシアの百弁のバラや六十弁のバラはローザ・ガリカ（*Rosa gallica*）かローザ・アルバ（*Rosa alba*）の八重咲きと考えられる。

またギリシア時代には、ホメロス、サッフォー、アナクレオンなど数々の名高い詩人がバラを詠んだ詩をつくり、バラにたいするイメージが次々と出来上がりつつあった。バラはポピュラーな花の少なくともそのひとつとなり、次第に野生の花を切り集めるだけでは装飾等の需要をまかないきれなくなっていく。

ところで古代ギリシアにあっては当初、バラは体に塗る油の香づけに使われた。やがて芳香は油だけに用いられるものではなく、芳香ある花自体が賞賛の対象へと変った。古代ローマのバラへの熱狂はその花のかたちの美しさだけでなく、芳香にもあったのである。というより、芳香もつ花であることこそがバラをバラたる高貴な花へと特化させたといってよい。今でもヨーロッパでのバラの観賞は、目よりも鼻が優先する。顔を花に寄せ、存分にその芳香を楽しんだ後に、ようやく花は目による観賞の対象へと移る。しかし植物画のバラからは発せられる芳香がない。だからバラの植物画には他のどんな花にも増して、みる人に目から芳香を与える工夫がいる。評価の基準がかたちだけではないところにバラの植物画のむずかしさがあり、またそこにバラの植物画のみどころもあるのだ。

次第にあまたある花から特別な花になりつつあったバラだが、古代ローマ人はまだバラの多様性に着目してはいなかった。ただ、三十七巻からなる『博物誌』を著した大プリニウスは、さすがにバラといってもいろいろあるということに気づいていた。古代ローマのバラを知る手がかりをえるために、大プリニウスのバラについての記述を検討してみよう。少し長いが『博物誌』第二十一巻十章の記述を引用してみる。

「バラは、つる性の野生バラのようには大きくならない低木である。藪《やぶ》を作る野生のバラの一種にも似ている。ほんのかすかでも香りがある野生株をみつければ、みつけものである。バラの種類のなかで我々が知っている最も有名なものはプラエネステとカンパニアのバラである。ある人はこれにミレトゥスのバラを加える。というのは、それが鮮やかな燃えるような花色をもつためだが、花弁の数は十個以下でしかない。

これらに次ぐのは燃えるほどではないが赤い花をもつタラチスのバラだと思われる。次はアラバナ産で、白色の花弁をもつ。最も劣るのはトゲイバラと呼ばれるもので、花は小さいがたくさん咲く。花弁数は最も少ないものは五個で、他はもっとたくさんの花弁をもつ。なかには百個の花弁をもつバラと呼ばれた一種があり、イタリアではカンパニアにあり、またギリシアではフィリッピの周辺にあるが、それは土着のものではない。フィリッピに近いパンガエウス山には小さいがたくさんの花弁をもつバラがある。場所を変えることで改良をはかろうと周辺の人たちはそれを移植し育てている。」

大プリニウスの情報収集力はなまなかではない。しかし、他の記述も含め今日からみると総じて具体性に乏しい記述といわねばならない。だが、バラ学者たちの執念は恐ろしい。この短い記述から大プリニウスの書き残したバラが植物学的にどの種に該当するのか、すべてを特定している。私にも納得できる説をここに紹介しておく。

プラエネステのバラ　→ローザ・ガリカ（*Rosa gallica*）

カンパニアのバラ　→ローザ・アルバ（*Rosa alba*）

ミレトゥスのバラ　→ローザ・ガリカ

タラチスのバラ　→おそらくローザ・ガリカかダマスクバラ（*Rosa damascena*）
アラバナのバラ　→ローザ・アルバ
トゲイバラ　→ローザ・ピンピネリフォリア（変種ミリアカンタ）（*Rosa pimpinellifolia* var. *myriacantha*）
百弁のバラ　→ローザ・ガリカかダマスクバラの八重咲き型
パンガエウス山のバラ　→ローザ・ガリカ

他の箇所に登場するものでは、キレナイカ（キレネ）のバラはローザ・モスカータ（*Rosa moschata*）、コロニオラのバラはたぶんローザ・センペルウィレンス（*Rosa sempervirens*）、グラエクラのバラはたぶんイヌバラ（*Rosa canina*）である。

最初のローマ皇帝となったのはアウグストゥスである。古代ローマの黄金時代と呼ばれたその治世の初期にはバラは贅沢品と見做されていたが、急速に日常生活に欠かせぬ花へと転じていった。バラの香りを満喫するためや、新鮮な切花を欠かさぬために、私設のバラ園をつくることが慣習とさえなった。またバラの開花時期には、ローマへのバラの供給地ペストゥムで休日を過ごすことが流行った。どの家庭でも食卓はいうに及ばず、家中をバラの花で飾り立てたのである。彼らは葬儀にもバラを使った。また故人を讃えるためのバラの祭典が開催された。

当然のことながら、こうした熱狂は皇帝にも及ぶ。暴君の名を冠せられた皇帝ネロのバラ狂いは特に有名である。彼は晩餐の部屋や回廊をバラの花で埋め尽くしたのである。莫大な経費がそのために支払われたのはいうまでもない。特にネロが好んだのは、晩餐会や酒宴で天井から、来客の上にバラの雨を土砂降りのように降らせることだった。来客が花の重みで窒息したという話まである。

塗油でそのかすかなバラの香りを慈しんだギリシアの貴族とちがい、ローマの貴族や裕福な市民はバラの花で周囲を飾り立てた。まるでローマは豊潤な香りに満ちたバラの海のようであったことだろう。食卓ばかりかネロのように回廊や歩道までバラの花で埋めたのだから。

バラが熱情と献身、そして秘密のシンボルと認められるようになったのもローマ時代である。ローマのプレイボーイは恋人のことを「私のバラ」と呼んだという。最初に咲いたバラの花を恋人にプレゼントするのが慣わしだったらしい。こうした隠語が登場するほどにバラは日常生活に密着したものだったことが判る。

「バラの下で」という言葉も生まれた。これはバラが秘密を護るシンボルとなったことと関係している。天井にバラが描かれていたり彫刻されている部屋では、そこでの会話や論談は内密にすることが約束されていた。バラの下でを意味する sub rosa は機密厳守と同義語として用いられたのである。

また、ローマ人はバラを愛の女神と酒の神に捧げている。これはギリシア人も同じである。彼らの内面では、バラは酒と愛に自然に結びつくものがあったのだろう。

バラは台所にも欠かせぬ存在になった。花弁をハチミツ、シェリー、ワインなどに入れたデザートや飲み物がつくられた。特にバラの花弁をワインに浮かべる習慣は後まで続いた。

かくしてバラはローマ時代に、花の「ひとつ」から、今でいうハイソサエティの豊かな生活に欠かせぬ「特別な」花へと転じた。これを必要としたのは貴族であり、裕福な市民である。このことが後にバラに託されたイメージのひとつ、貴族性を形成していくことになったのは間違いない。

ローマ時代において、今日のバラの用途とバラに託されたイメージのほとんどが出そろったといえるだろう。しかし、ただひとつだけ重要な用途が落ちている。それこそが、今日においてバラを国際的な園芸植物たらしめている、花の多様さを観賞するという営みである。

ギリシア・ローマ時代に栽培されていた主な種は、ローザ・ガリカ、ローザ・アルバ、ダマスクバラ、イヌバラ、それに例のローザ・ガリカかダマスクバラの八重咲き型の五つであったと考えられている。多様な花の作出を現実のものとするには、それなりの舞台装置が必要であった。園芸植物一般についていうなら、それはいわゆる大航海時代になってヨーロッパにもたらされた、未知の大地の未知な植物であったし、バラに限定していえば、コウシンバラをはじめとしたアジアのバラの導入であった。

どういう理由からか、私にははっきりさせることができないが、ヨーロッパでは中世の一時期、バラの栽培熱は冷めるのである。バラの栽培は西アジアの文化圏では廃れることなく続き、バラは改良が進められていたらしい。西アジアは地中海西部のローマよりも一層乾燥する。芳香は乾いた空気を伝わりやすい。芳香には癒し効果もある。香水文化が発達したのもアラビアなどの西アジア地域であり、またそこでの医学は病気を治すことに加え、日々の健康保持をも目的として芳香は健康保持の秘訣として重要視されていた。西アジアで改良されたバラとは、どんなものだったのだろうか。興味深いが資料も乏しく、残念ながらあまりよく判っていない。これが十字軍を通して、再びヨーロッパに入ってくるのである。

オールド・ガーデン・ローズとモダン・ガーデン・ローズ

何といってもバラは西洋を代表するシンボル的な花だ。だから、その歴史もヨーロッパに起源を求

ローザ・ガリカ「オフィキナリス」
ウィリアム・ウッドヴィル
『薬用植物誌』(1790-95年)
No.141

次頁：ローザ・ガリカ「オフィキナリス」
ルドゥーテ『バラ図譜』
No.25

(注) ルドゥーテは図下部にあるように学名を *Rosa Gallica officinalis* のように表記している。最初の語 *Rosa* はバラ属、次の *Gallica* (現在は頭文字も小文字で記す) は種の形容語で、この2語がフランスバラという種の学名である。最後の *officinalis* は現在では栽培品種と解釈できるので、‘　’でくくり、立体表記とし、頭文字は大文字とするのがよい。本書では、この部分を「　」でくくり、「オフィキナリス」のように表すことにした。

Rosa Gallica officinalis. *Rosier de Provins ordina*

P.J. Redouté pinx. Imprimerie de Rémond Lan

めてしまうのも無理からぬことである。だが、その西ヨーロッパでさえ、十九世紀初頭に栽培されていたバラは、ガリカ（ローザ・ガリカ）、ダマスク（ダマスクバラ）、アルバ（ローザ・アルバ）およびプロバンス（ローザ・ケンティフォリア）のわずかに四種しかなかったのである。

バラの園芸では、オールド・ガーデン・ローズとモダン・ガーデン・ローズという言葉が頻繁に用いられる。何を基準にオールドとモダンの区別はなされているのだろうか。

この問題に触れる前に、園芸バラの発達段階を追ってみよう。それはまず観賞に値するバラを自然界からみつけだすことから始まった。次の段階は、栽培中に偶然生じた八重咲きや雑種などの変りものを選択し、株分けして殖す。これを園芸化の第二段階とすれば、第三段階は、人工的に異なる種や異なる系統間の交配を行って、自然には存在しないまったく新しいバラを生みだす段階といえる。

さて、一般に認められているオールド・ガーデン・ローズの定義は、一九六六年に全米バラ協会が承認した「一八六七年よりも前に存在した〝グループ〟に入るバラ」であるというものである。

この一八六七年とは、最初のハイブリッド・ティー・ローズとされる「ラ・フランス」が登場した年である。「ラ・フランス」こそは、バラの園芸化における第三段階にあたる、人工交配が生んだ最初の栽培品種なのである。

ハイブリッド・ティー・ローズの作出には、中国産のコウシンバラの存在が欠かせなかった。コウシンバラやローザ・オドラータ（ティー・ローズ）がイギリスに導入されたことが、ヨーロッパ、アメリカ、さらにはオーストラリアなどでのバラの園芸化に一大革命をもたらすことになるのである。

このようにオールド・ガーデン・ローズとモダン・ガーデン・ローズは、単に作出年代がちがうだけではなく、作出の方法を異にする、いわば別ジャンルのバラと見做してよい。これを技術的な面からいえば、モダン・ガーデン・ローズとは、そもそも異種間の雑種である交配種同士をかけ合わせてハイブリッド・ティーが誕生したように、積極的に異種間・異栽培品種間の交配を行う技術が確立してから以降に登場した園芸バラである。これにたいするオールド・ガーデン・ローズは、野生種そのものや自然に生じた突然変異、自然雑種、枝変りなどを中核として生みだされた園芸バラなのである。

本書のカラー図版に掲載したバラは、焦点を当てたオールド・ガーデン・ローズを描いた作品ばかりである。今日の園芸バラの大半がそうである高芯剣弁咲きの花型のバラはひとつもないことに気づかれたにちがいない。

バラの園芸の歴史からみれば、オールド・ガーデン・ローズは、園芸バラが辿った歴史のひとこまを飾る産物といえなくもない。しかし、バラの愛好家のなかにはあまりにも人間本意の所産である人工的なモダン・ガーデン・ローズよりも、オールド・ガーデン・ローズにただならぬ関心を寄せている人も少なくない。高芯剣弁《こうしんけんべん》咲きを嫌う愛好家もいるだろう。オールド・ガーデン・ローズだけを集めた専門のバラ園や愛好家によって、かなりの栽培品種が今日も栽培され続けている。さらに、後述するようにローザ・ガリカやダマスクバラなどでは新しい栽培品種も多数作出されている。

十九世紀初頭までのオールド・ガーデン・ローズ

正真正銘のオールド・ガーデン・ローズといえるローザ・ガリカ、ダマスクバラ、プロバンス・ローズおよびローザ・アルバは、いずれも長い栽培の歴史をもっている。

ダマスクバラ

ルドゥーテ『バラ図譜』
（ローザ・ダマスケナ）
No.81

前頁：ローザ・ガリカ「ウェルシコロール」

ニコラ・ロベール（1614-85年）画　水彩
パリ、自然史博物館博物写生図
（通称『王のヴェラン』）より

◎ローザ・ガリカ

ローザ・ガリカは、学名を*Rosa gallica*、英名をフレンチ・ローズ（French rose）またはローズ・オブ・プロヴィンス（Rose of Provins）という。学名の種小名のガリカもFrenchもともに「フランス」の意味で、フランスバラという和名もある。ローザ・ガリカは、高さがせいぜい八十センチほどにしかならず、枝分かれもまばらである。枝には間を置いて大小さまざまの刺がつく。バラとしては刺が目立たず、少ない方であり、鉤状の刺は出ない。葉は皮質で暗色を帯びたオリーヴ色になる。小葉は大きめで、普通は五個。太めの枝の先に上向きの花をつける。花は普通は赤だが、濃いめのピンクのものもある。萼片のうち、外側の三つには切れ込みがある。花を最も特徴づけているのは、先端の部分が円味を帯びるか平坦になり、普通は凹状にくぼまない花弁である。

さて、このローザ・ガリカはその名が示すようにフランス原産かというとそうではない。原産地は西アジア、おそらくコーカサス地方と推定されている。

バラについてこれまでに書かれた文献には、ローザ・ガリカが、紀元前十二世紀にはメディア（おおむねカスピ海とペルシア湾の間の地方）とペルシアに知られていたという記述を載せている。文献的にはすでに三千年あまりの長命をもつわけだが、その事実を示す明確な証拠があるわけではない。

これまで小アジアや古代ギリシアなどで発掘された、宗教上のシンボルや彫刻に用いられる花飾りであるロゼット模様が、ローザ・ガリカをモチーフとしたものだともいわれてきた。ロゼットという言葉自体が、バラをさすrosaに縮小語尾を付してつくられているくらいだから、その語自体、バラと大いに関係があるとみられていたのだろう。しかし、今日ではロゼット模様は、バラとは無縁なハスやシュンギク（ハナシュンギク）をモチーフとしたものだとされている。私もこの説に賛成である。

ローザ・ガリカの実在を示唆する最初の文献は紀元七九年に没した大プリニウスの『博物誌』である。前にも述べたが、そこに赤いバラの記述があり、この赤いバラが消去法でいくとローザ・ガリカ以外には考えられないのだ。もっとも紀元前十二世紀から存在していたと推測されている本種にしてみれば、ローマ時代に存在したとて別に驚くことではないかもしれないが。

ローザ・ガリカに「薬剤師のバラ」（Apothecary's rose）と呼ばれる一型がある。このバラはローザ・ガリカの栽培品種「オフィキナリス」（*Rosa gallica* 'Officinalis'）で、赤色の、多くは半八重咲きの花をもち、十三世紀から十八世紀にかけて、パリの南郊でバラ水用に栽培されていた。また「薬剤師のバラ」は、イギリスのバラ戦争で有名なランカスター家の赤いバラでもあった。十八、十九頁に図示した「オフィキナリス」の花は半八重というよりも八重咲きと呼ぶべきという見方もある。私はオールド・ガーデン・ローズの花型の区分を、一八四五年から五四年にかけてパリで出版された古典的名著、*Choix des plus Belles Roses* に従っている。

デック（G. Diek）は、ローザ・ガリカがドイツに入ったのは一九〇〇年だとしている。それほど時代が下ってのことかどうか、私自身は半信半疑でいる。有名なバラの本を書いたクリュスマン（Gerd Krüssmann）によると、オランダでローザ・ガリカが栽培されるようになったのは一六七〇年だそうだ。

皇帝ナポレオンの妃であったジョゼフィーヌはローザ・ガリカだけでなんと百六十七もの栽培品種

［オールド・ローズの４つの代表的な花型］
（*Choix des plus Belles Roses*, 1845-55年による）

A. 八重咲き（平咲き） B. 半八重咲き（杯状咲き）
C. 八重咲き（剣弁咲き） D. 半八重咲き（椿咲き）

（注）モダン・ローズの大半にみる高芯剣弁咲きはオールド・ローズにはまれである。

Rosa alba flore pleno. *Rosier blanc ordinai*

イヌバラ
ウィリアム・ウッドヴィル
『薬用植物誌』(1790-95年)
No.139

前頁：ローザ・アルバ「フロレプレナ」
ルドゥーテ『バラ図譜』
No.46

を住居としていたマルメゾンの館に所有していた。こんなにたくさんの栽培品種を手にすることができたのは、もちろん、人工交配という技術をフランスで最初に行ったデスメ（M.Descemet）がマルメゾンにいたからである。その頃に、花粉を別の種や栽培品種にかけ合わせる人工交配の技術がバラに導入され、新しい栽培品種が作出できるようになった。

ローザ・ガリカは、「薬剤師のバラ」を代表格に、オールド・ガーデン・ローズのなかでもとくによく知られたバラであり、バラ水の重要な原料でもあり「バラのなかのバラ」といっても過言ではない。

◎ダマスクバラ

ダマスクバラは、とりわけ芳香に恵まれたバラだ。最盛期の芳香はとくに強烈である。学名をローザ・ダマスケナ（*Rosa damascena*）、英名を Damask rose という。ここではダマスクバラと呼ぶが、ダマスク・ローズという用い方もされる。ダマスクバラの誕生や、生みの親となった種が何であったのか未だによく判っていないところが多い。その理由のひとつがダマスクバラと称されているバラがあまりにも多様であることである。どうもダマスクバラは系統を異にする複合的な寄り合い所帯のような感じがしてならない。ただひとつこのバラに特徴があるとすれば、葉の表面に軟い毛が生えることである。さらにその芳香も特徴といえるかもしれない。今日単に強い芳香のことをダマスクの香があると称されることも多く、ダマスクバラの芳香は言葉ではうまく表現できないが、独特であり、他のバラからはっきりと区別されるものといってよい。ただダマスクバラを片親に用いた交配種には他種の芳香と交じり合いあいまいな香りになってしまうこともある。

ダマスクバラは、最初ペルシアからもたらされたといわれている。それが後にダマスクスに伝わり、ヨーロッパには一二五四年から一二七〇年の間に十字軍に加わったフランスのロベール・ド・ブリー（Robert de Brie）が持ち帰ったという。ダマスクバラの名前がシリアのダマスクス地方からきたと信じられているが、そうではなく、高価な模様織物の一種であるダマスコ織に関係しているという見方もある。

ローザ・ガリカよりも大きくなり、高さは一・五メートルから二・四メートルで、枝はたわみよじ登る。大小の鉤状の刺がたくさんあり、枝が他のものに取りつくのを助けている。葉は柔らかで、裏面に毛が散生している。花は集散《しゅうさん》状にたくさんつき、しかも一度に多くの花が咲く。花弁はピンクまたは白色で、花の内側のものよりは外側のものが明らかに大きい。

赤と白のツートンカラーのダマスクバラである「ウェルシコロール」は、バラ戦争の当事者である白バラのヨーク家と赤いバラのランカスター家が結びついたような印象を与えたため、「ヨーク・アンド・ランカスター」と俗称された。このバラは、一五五一年にスペインの本草学者モナルデス（N.Monardes）によってはじめて記載されているが、その祖型は古くからブルガリアでバラ油採取のために栽培されていたらしい。

イギリスでは、ヘンリー七世とヘンリー八世の侍医だったリナカー博士（Thomas Linacre）が一五二〇年にダマスクバラをイタリアから移入したと記録されていて、これが最も古い。当然イタリアではそれ以前から栽培されていたにちがいないが、詳しいことは判っていない。

ダマスクバラは、十九世紀にはヨーロッパ各地でかなり栽培されていたようで、一八一三年にジョ

ローザ・ケンティフォリア
ウィリアム・ウッドヴィル
『薬用植物誌』(1790-95年)
No.140

ローザ・ケンティフォリア「ムスコーサ」
カーティス『ボタニカル・マガジン』
No.69（1788年）

ゼフィーヌ妃のマルメゾンの庭園で「マリー・ルイーズ」という深いピンク色の栽培品種が誕生している。これはダマスクバラの栽培品種としてはごく早い時期に登場したものといえる。また、一八二七年にはイギリスで濃いめのピンク色をした著名な「レダ」が作出された。純白の栽培品種として有名な「マダム・ハーディ」は一八三二年に誕生をみた。

◎ローザ・アルバ

学名は *Rosa alba*。アルバは「白い」という意味で、英名は白いバラを意味するホワイト・ローズ（White rose）である。

ローザ・アルバも自然界に存在しない純然たる栽培種で、ローザ・コリンビフェラ（*Rosa corymbifera*）あるいはダマスクバラとイヌバラ（*Rosa canina*）が交雑してできたものと推定される。

いつ頃からこのバラが知られていたのか、例によって定かではないが、少なくとも二千年前の古代ローマに栽培されていた白バラというのは、本種であったと考えられている。

中世には相当広く栽培されていたようで、とくに半八重咲きの栽培品種「セミプレナ」はいろいろな絵画に描かれている。バラはヴィーナスが海から誕生したとき、いちばん先に咲いた花だという伝説を著したルネサンス時代のボッティチェリの《ヴィーナスの誕生》は、この作品が描かれた時代の人々がバラに寄せる心理を伝えるものである。そこに描かれたバラこそは本種に他ならない。

ローザ・アルバは高さ二・五メートルにもなり、枝分れもよく、株元に足を踏み入れることができないほどに密生する。垂れ下がるようにつく大きめで青味の強い葉も印象的である。

上右：ローザ・ブルノニイ　No.829（1824年）
（原題はローザ・モスカータ・ネパレンシス）
『ボタニカル・レジスター』より

上左：ローザ・フェティダ　No.363（1797年）
下右：ノイバラ（ローザ・ムルティフローラ「カルネア」）　No.1059（1807年）
下左：ハマナス（ローザ・ルゴサ「カムチャティカ」）　No.3149（1832年）
3点ともカーティス『ボタニカル・マガジン』より

花は強い芳香をもち、乳白色だが、ときに淡いピンク色をおびることがある。花弁はゆるめに配置し、半八重のものが多い。花のかたちはローザ・ガリカよりもダマスクバラに似ている。花後にはよく結実し、滑らかで細長い深紅の果実がたくさんできる。受精を経ることなく種子をつくることが実つきのよさの理由であろう。

ローザ・アルバにも栽培品種は多い。初期のものとしては一八一八年に作出されたピンクの花色をもつ「ジャンヌ・ダルク」が名高い。一七五〇年にブルガリアではダマスクバラと並びバラ水用にローザ・アルバを用いたことが記録に出てくる。

◎プロバンス・ローズ

このバラは学名をローザ・ケンティフォリア（*Rosa centifolia*）、英名をセンティフォリア（Centifolia）あるいはプロバンス・ローズ（Provence rose）という。さらにキャベジ・ローズ（Cabbage rose）という名で呼ばれることもある。このバラに野菜のキャベツの名が与えられたのは、多数の花弁がキャベツのように折重なってつくことによる。ところがこうした名前が与えられた当時のキャベツは今日のキャベツのように葉先が巻くタイプではなく、今日のハボタンのようなかたちをしていたのである。誤解を誘うこと必定のキャベジ・ローズの名は歴史にのみとどめるのがよい。百枚は大げさとしても、自然界にかくも多数の花弁からなる八重咲きの野生種があるとは信じがたい。プロバンス・ローズは四倍体であり、交配を通して人工的に作出されたバラである可能性が高い。現在、支持されているプロバンス・ローズの来歴説は、ローザ・ガリカがヨーロッパに分布するノイバラの仲間のローザ・モスカータと交雑してできた秋咲きダマスクバラであるローザ・ビフェラ（*Rosa ×bifera*）という四倍体とローザ・アルバがさらに交雑したというものである。このバラはオールド・ガーデン・ローズとしては新しい部類に入るもので、十七世紀末にオランダに生まれた。プロバンス・ローズはハイブリッド・パーペチュアルというモダン・ガーデン・ローズの誕生にかかわった重要なバラである。

バラの歴史探索は物的証拠のほとんどない書誌の大海を漁り歩くような趣きが強い。私はヨーロッパに旅行する機会があると、努めて田園地域を訪ね、古いバラの栽培品種を訪ねることにしている。野生種との出会いもさることながら、どこぞに文献のみに名を残す古いバラの栽培品種が生き残っていてくれることを願わずにはいられないからである。

新しい栽培品種の誕生

どんな園芸植物でも、新しい栽培品種をつくりだすのは科学であり、同時に一種の芸術でもあると私は思う。バラの野生種は百から百五十ほどあるといわれているが、イギリスの園芸家シェパード（Henry Shepherd）は現代のバラの栽培品種づくりに貢献したのは、わずかに八種だけだと述べている。実際にはそれだけではないにしても、これらの種がもつ固有の遺伝子を、人工的に組み合わせて、次々に新しいバラの栽培品種を作出していったのである。画家が絵具を混ぜ合わせて、キャンバスに新しい色を生みだしていくさまが連想されよう。

ではその八種のバラとは、どれを指すのだろう。シェパードが名をあげたバラは、驚くことにすべてアジアのバラである。そのなかには日本のノイバラ（*Rosa multiflora*）、テリハノイバラ（*Rosa luciae*）、

ローザ・キネンシス「センペルフローレンス」
(「スレーターズ・クリムソン・チャイナ」である。図中の刺は不自然である)

カーティス『ボタニカル・マガジン』
No.284（1794年）

次頁：ローザ・インディカ「クルエンタ」
（おそらく「スレーターズ・クリムソン・チャイナ」と考えられる）

ルドゥーテ『バラ図譜』
No.49

Rosa Indica Cruenta.　　*Rosier du Bengale à fleu[r] pourpre de sang.*

ハマナス（*Rosa rugosa*）が含まれる。そのほかは、中国産のコウシンバラ（*Rosa chinensis*）とローザ・オドラータ（*Rosa odorata*）、小アジア産のローザ・フェティダ（*Rosa foetida*）、ローザ・モスカータ（*Rosa moschata*）、それにダマスクバラ（*Rosa damascena*）である。

ローザ・ガリカ、ローザ・アルバ、イヌバラなどに、前記のアジア産のバラをかけ合わせることによって、バラの品種改良が急速に進んだのである。

先にも述べたが、バラというと、最も西洋的な花との印象を受ける。現代のバラにアジア産の野生種の血がこんなにも濃厚に入っていることを、意外と思われる方も多いのではないだろうか。なかでもコウシンバラ（ここではローザ・オドラータも含めて扱う）はとくに重要で、研究者によっては、オールド・ガーデン・ローズをコウシンバラ導入を境に前期と後期とに区分することもある。これから述べるのは、その後期（ポスト・コウシンバラ）に分類されるバラである。

◎「スレーターズ・クリムソン・チャイナ」

アジアの野生バラがヨーロッパに伝わった歴史を振りかえってみたい。

コウシンバラは、学名をローザ・キネンシス（*Rosa chinensis*）といい、日本では「庚申《こうしん》バラ」または「長春《ちょうしゅん》」の名で呼ばれるが、それとは別に「チャイナ・ローズ」あるいは「ベンガル・ローズ」とも呼ぶことがある。ベンガルとは東インド会社のあったカルカッタが所在するインドの地方名である。コウシンバラの導入によってはじめて、「高芯剣弁」という花型と春の開花後も断続的に花を咲かせる「四季咲き」という性質がバラの栽培品種に生まれる。コウシンバラを抜きにしてバラの園芸化は成り立たなかったといってよいほど、コウシンバラは今日のバラ園芸に重要な影響を及ぼしている。

舞台は、カルカッタで幕を開ける。十八世紀のそれも世紀末、イギリスの東インド会社の船長が、カルカッタ植物園で咲いていた変ったコウシンバラを見出したのが発端とされている。彼は一七九二年にこれを本国イギリスに持ち帰り、東インド会社の総裁でバラづくりでも名の知られていたギルバート・スレーター（Gilbert Slater）に提供した。このバラは四季咲きで、スレーターは温室に植えて殖やし、二年後に開花させた。これが後に「スレーターズ・クリムソン・チャイナ」（Slater's Crimson China）と呼ばれる、歴史上たいへん有名なバラとなった。真紅のバラで、低木性だが多少つるになる性質のあるバラである。

この「スレーターズ・クリムソン・チャイナ」を交配親に用いることによって、今日の多様な四季咲きバラが生みだされるのである。このバラの繁殖に成功したスレーターの功績は、バラの園芸史上忘れることのできないものである。

◎「パーソンズ・ピンク・チャイナ」

コウシンバラ系ではあるが、「スレーターズ・クリムソン・チャイナ」とは系統を異にするバラが、「スレーターズ・クリムソン・チャイナ」到来の一年後である一七九三年にイギリスにもたらされた。それは低木性で、高さは三メートルにも達する強壮なバラであった。最初にこのバラを入手したのは、イギリスの博物学に多大の貢献をしたことで有名なジョゼフ・バンクス卿（Sir Joseph Banks）であり、別の説ではリックマンズワースのパーソンズである。

ローザ・インディカ「フラグランス」
(「ヒュームズ・ブラシュ・ティー・センティド・チャイナ」である)
ルドゥーテ『バラ図譜』
No.19

「デュシェス・デュ・モルニ」
ハイブリッド・パーペチュアル系の栽培品種
モーベール画『バラの花とバラの木』(1872年)

パーソンズは入手後四年目にこのバラを開花させ、バラ愛好家の間に広めた。後に、このバラは「パーソンズ・ピンク・チャイナ」(Persons' Pink China) と呼ばれることになる。このバラは現在でも栽培される四季咲きの「マンスリー・ローズ」(Monthly rose) や「パリダ」(Pallida) と呼ばれる栽培品種と同じであるとも考えられている。

◎ヒュームとパークスの「ティー・ローズ」

もうしばらく、イギリスでの話を続けよう。一八〇九年にワームリーベリーのエイブラハム・ヒューム卿 (Sir Abraham Hume of Wormleybury) は、東インド会社を通じて、中国の広東近郊の種苗商から、後に「ヒュームズ・ブラシュ・ティー・センティド・チャイナ」(Hume's Blush Tea-scented China) と呼ばれることになるピンク色のバラを入手した。残念ながらこのバラは今は絶滅してみることはできないが、コウシンバラとローザ・ギガンテアの雑種と推定され、花は一重から半八重、花色はレモン色から淡い赤色まで変異がみられ、ローザ・オドラータ (*Rosa odorata*) という学名が与えられた。現在、ローザ・ギガンテアは中国で「香水月季」と呼ばれるが、その強い芳香が好まれている。イギリス人はこの芳香を紅茶の香りに似ているとしたため、英名で「ティー・センティド・チャイナ」あるいは単に「ティー・ローズ」と呼ばれるようになった。これを片親に現代バラの主流である「ハイブリッド・ティー・ローズ」が生みだされることになる。

さらに、一八二四年にはロンドンの園芸協会に、パークス (John Damper Parks) によって、広東の同じ種苗商から後に「パークス・イエロー・ティー・センティド・チャイナ」(Parks' Yellow Tea-scented China）と名づけられるバラがもたらされた。これは大輪で、芳香のある黄色のバラであった。このパークスのティー・ローズは、一八二五年にはパリに送られるなど、その後のハイブリッド・ティー・ローズの作出に大いに利用された。

スレーター、パーソンズ、ヒューム、パークスという四つのバラはすべてが中国を原産とするバラであった。その後のバラの栽培品種作出に決定的な影響を与える。というよりも、これら四つのバラなしには現代の多様なバラの栽培品種は存在しなかったというべきである。

バラの栽培品種の系統

今日、バラの栽培品種は一万を超えるであろう。ここでこれまで述べてきたことをも含め、バラの栽培品種の主だった系統について記しておこう。モダン・ガーデン・ローズの栽培品種はその交配親のちがいによって次のような系統に大別される。

①ハイブリッド・パーペチュアル系　これは「スレーターズ・クリムソン・チャイナ」や「パーソンズ・ピンク・チャイナ」などのコウシンバラとダマスクバラの交配に由来する複雑な交配種である。春と秋の二季咲きで、枝は太くて赤味がなく、葉の表面に光沢がないのが特徴である。花は大形であるが、現在ではこの系統の栽培品種は少ない。「HP」という記号がこの系統に用いられる。

②ティー・ローズ系　コウシンバラとローザ・ギガンテアの交配（一説によればローザ・ギガンテアの改良型）に由来する栽培品種群である。四季咲きで、花は紅茶の香りがする。若い芽が赤褐色を帯びるのが大きな特色である。記号は「T」。

上右：ローザ・エヴァラティナ（人名由来）　No.162
上左：ローザ・ルビギノサ「アネモネ-フローラ」
（ローザ・エグランテリアの栽培品種のひとつであろう）　No.126
下：ローザ・ノワゼッティアナ「プルプレア」
（正体のよく判らないバラである）　No.167
次頁：ノイバラ「七姉妹」（原題はローザ・ムルティフローラ「カルネア」だが、
「カルネア」〔ツクシイバラに酷似〕は一重咲きである）　No.88

すべてルドゥーテ『バラ図譜』より

Rosa Multiflora carnea. *Rosier Multiflore à fleurs carnées.*

③ハイブリッド・ティー・ローズ系　前記の①と②すなわち、ハイブリッド・パーペチュアル系とティー・ローズ系の交配によって生みだされた系統で、現代バラの主流はほとんどこの系統のものである。若い芽は紅紫色が多く、花柄が長く丈夫で、切花にも適している。記号は「HT」。

④ペルネティアナ系　二十世紀初頭、フランス、リヨンのバラ栽培家ペルネ=デュシェ（Perner-Ducher）によって作出された。①のハイブリッド・パーペチュアル系の一栽培品種「アントワーヌ・デュシェ」（Antoine Ducher）とローザ・フェティダの栽培品種「ペルシアナ」（Persiana）との交配で生じた「ソレイユ・ドール」（Soleil d'Or）を母体とする。葉は厚く、強い光沢がある。花色は黄色を主とする銅色系である。記号は「Per」。ただし、ペルネティアナ系はハイブリッド・パーペチュアル系との交配を通して、ハイブリッド・パーペチュアル系に吸収されてしまったということもできる。

⑤ポリアンサ・ローズ系　日本のノイバラとコウシンバラの矮性品種（ヒメバラ）との交配による。一八七五年にフランスで作出された。記号は「Pol」。

⑥ハイブリッド・ポリアンサ系　フロリバンダ系ともいう。ハイブリッド・パーペチュアル系とポリアンサ・ローズ系の交配に由来する。デンマークのポールゼン（Sverd Poulsen）が作出したもので、耐寒性が強い四季咲きである。花壇向きで、最近ヨーロッパでは庭園用にこの系統のバラが人気を集めている。記号は「HPol」。

このほかグランディフローラ系「Gr」、ミニバラとして人気のあるミニアチュア・ローズ系「Min」、強壮で低木性のシュラブ・ローズ系「S」、さらにテリハノイバラを核としたハイブリッド・ウィクライアナ系など、つる性のバラの数系統がある。

3 ルドゥーテのバラ図譜

バラの植物画といえば、誰もがルドゥーテの名をあげよう。実際ルドゥーテの『バラ図譜』は植物画集として傑出した作品である。百六十九点ものバラが繰り広げる世界はちょうど、パリのバガテルのようなバラ園を巡り歩いているように、一つひとつ味わいのちがうバラに接する喜びを覚える。『バラ図譜』におけるルドゥーテは、「バラの画家」の称号にふさわしいみごとな筆致で、それぞれのバラの個性を上手に引き出している。バラの愛好家には垂涎の作品であるのがうなずける。だがよくみると、多少とも画の出来にむらがあるのは否めない。同書126図のローザ・ルビギノサ「アネモネ-フローラ」*Rosa rubiginosa anemone-flora*（学名表記は原書のまま〔以下同じ〕）。本書四十四頁図版）は、花の手前に蕾をつけた花とその柄があって、花を二分するように描かれている。どうしたことかと疑わずにはいられない失敗作だ。162図のローザ・エヴァラティナ *Rosa evratina* は蕾ばかりである。167図のローザ・ノワゼッティアナ「プルプレア」*Rosa noisettiana purpurea* も、花が背後に押しやられてしまっている。葉を描くにしても、花の位置の取り方にもうひと工夫できたはずである。この三点は論外としても、気乗りがしなかったのか、疲れたのか、ずいぶんと投げ遣りなと思われる画が散見する。

ルドゥーテはバラの画家とはいわれるものの、野生種に較べ、大きくは変るところのない栽培品種をいくつも描くことなどに、あまり魅力を感じていなかったのではないか。そうした一方で、ノイバラの八重咲き栽培品種の「七姉妹」（原題は *Rosa multiflora carnea* とされる）（88図、本書四十五頁）と

Rosa Damascena aurora.
Rosier Aurore Poniatowska.

上：ローザ・アルウェンシス（原題はローザ・レウカンタ）　No.52
前頁上右：ナニワイバラ　No.119
前頁上左：ローザ・センペルウィレンス　No.62
前頁下：ローザ・ダマスケナ「アウロラ」　No.75

すべてルドゥーテ『バラ図譜』より

か、ナニワイバラ（119図）、野生バラのローザ・センペルウィレンス *Rosa sempervirens*（62図）とかローザ・アルウェンシス *Rosa arvensis*（52図）などの画は生き生きと描かれていて、これらのバラがもつ特徴をあますところなく伝えている（本書四十八、四十九頁）。

栽培品種での私の好みを選ぶとすれば55図のローザ・ガリカ「ウェルシコロール」*Rosa gallica versicolor*（本書五十二頁）、75図のローザ・ダマスケナ「アウロラ」*Rosa damascena aurora*（本書四十八頁）、95図のローザ・ノワゼッティアナ *Rosa noisettiana*（本書五十三頁）あたりか。128図のローザ・ガリカ「アウレリアネンシス」*Rosa gallica aurelianensis* は、重みを支え切れずに垂れ下がるガリカ系バラの光沢ある葉の特徴がよく描かれた画である（本書五十二頁）。やや太めの柄の先に単生する大きめの八重咲き花も、実にガリカ系らしい。おまけに、といっては語弊があるが、茎の最下位には、托葉のみが描き込まれている。ルドゥーテのバラ画の典型的な構図を示す画といえるだろう。

ルドゥーテといえばバラ、バラの画家といえばルドゥーテというのが定着したイメージである。だからといって、ルドゥーテはバラだけを描いた植物画家ではない。それどころか、純粋に植物画としての完成度を問題にするなら、『ユリ科植物図譜』や『多肉植物図譜』に収載された絵の方がすぐれている。それはともかくとして、ルドゥーテの描くバラは、みるものにバラの美しさを伝える。いや実際のバラよりも一層バラらしいとさえ思うことがある。

バラとジョゼフィーヌ

ここで、ルドゥーテの活躍していた時代のフランスのバラ界の状況を通覧してみよう。この時代の最大のバラ愛好家は、何といってもナポレオン皇后のジョゼフィーヌであった。

ジョゼフィーヌは、パリ郊外のマルメゾンの宮殿に熱狂的にバラを集めた。ここに集められたバラを描いたのが、いうまでもなくルドゥーテで、彼の『バラ図譜』は、「マルメゾン庭園で栽培されるバラの図譜」といってもよいほどである。この図譜のおかげで、マルメゾン庭園にどんなバラが栽培されていたのかを知ることができる。

ルドゥーテが描いたバラは、すべて現存するわけではない。バラ、特にオールド・ガーデン・ローズの愛好家にとって、『バラ図譜』は十九世紀初頭の多様なバラをかいまみることができる、他に類書のない貴重な文献でもある。

ジョゼフィーヌのバラへの熱狂が、フランスにバラ・ブームを生みだしたという人もいる。ナポレオン狂時代の国民性からの推量であろうが、バラ熱が引き起こされるだけの基盤が、その時代に整いつつあったことを忘れるわけにはいかない。ジョゼフィーヌ自身も、特権によってイギリスの「パーソンズ・ピンク・チャイナ」をはじめ、外国から多数のバラを入手し、フランスでのバラの新しい栽培品種育成に少なからぬ貢献をしていることも見逃せない。

当時のフランスには多数のバラが集まり、新しい栽培品種づくりに最も適した状況が生みだされていたのである。ジョゼフィーヌは新しいバラの出現に期待を寄せ、バラづくりに携る人たちを激励した。いわゆるバラ園を中心とするフランス式庭園も、この時代に創案されたといわれている。

右：ローザ・ガリカ「アウレリアネンシス」
ルドゥーテ『バラ図譜』
No.128

左：ローザ・ガリカ「ウェルシコロール」
ルドゥーテ『バラ図譜』
No.55

ローザ・ノワゼッティアナ
ルドゥーテ『バラ図譜』
No.95

ノワゼットバラの誕生

ジョゼフィーヌとルドゥーテの時代のバラをみるとき、その舞台はフランス国内にとどまらず、かつてフランスの植民地であったカロライナ地方を中心とするアメリカ合衆国東南部にまで広がる。カロライナ地方はアパラチア山地の一角にあり、豊かな植物相をもつことで知られている。それだけでなく、この地方には、ユリノキのように東アジアに類縁のある植物が多数自生することでも有名である。自然環境も類似しており、中国を原産とするコウシンバラやティー・ローズなどのバラを栽培するのには絶好の地であった。

サウス・カロライナ州に住むアメリカの育種商チャンプニー（John Champney）は、一八〇二年に「パーソンズ・ピンク・チャイナ」とローザ・モスカータの交配に成功する。同じサウス・カロライナに住んでいたフランスの育種商フィリップ・ノワゼット（Philippe Noisette）は、チャンプニーが交配に成功したバラの種子を撒き、芽生えた実生《みしょう》を選択して、後に「オールド・ブラシュ・ノワゼット・ローズ」（Old Blush Noisette rose）という名前を与えるバラをえた。フィリップは一八一七年にこれをパリに住む兄ルイのもとへ送った。これがマルメゾン庭園で開花し、ルドゥーテによって描かれ、当時マルメゾンでバラの分類研究に携っていたトーリー（Claude Antoine Thory）によってノワゼットの貢献を記念するローザ・ノワゼッティアナ（*Rosa noisettiana*）という学名が与えられた。ここにノワゼットバラが誕生する。このノワゼットバラの出現によって、コウシンバラを片親とする園芸バラに「遅咲き」と「芳香」という新しい形質が加わるのである。ルドゥーテはこのバラを、じつに生き生きとしたタッチで描いている（五十三頁図版）。

モダン・ガーデン・ローズへの道

ノワゼットバラのその後の歴史を追ってみよう。まず記さなくてはならないのは、このノワゼットバラと「パークス・イエロー・ティー・センティド・チャイナ」との交配が一八三〇年に成功したことだ。ルドゥーテの『バラ図譜』は一八二四年に完成しているので、これは『バラ図譜』より後の話になるのだが、この雑種こそはモダン・ガーデン・ローズの中心となるハイブリッド・ティー・ローズの直接の親となるバラだった。この雑種の実生から、いまでもみることのできる愛らしいつる性のバラ、「ウィリアム・アレン・リチャードソン」（William Allen Richardson）や「マレシャル・ニエル」（Maréchal Niel）が生みだされたのだ。

再びルドゥーテが描いたバラに戻ることにしよう。ノワゼットバラが北アメリカで作出されたことに象徴されるように、十九世紀になるとバラの園芸の舞台は汎世界的になる。インド洋にあるレユニオン島、当時はブルボン島と呼ばれるフランスの植民地であったが、一八一七年にこの島にやってきたフランスの植物学者が奇妙なバラをみつけた。それは秋咲きのダマスクバラと「パーソンズ・ピンク・チャイナ」の中間のかたちをしており、しかも種子ができていたのである。この種子はパリ郊外に住む王の庭師、ルイ・フィリップに送られた。

そのなかから生まれたバラのひとつが、「ロジェ・ドウ・リル・ドウ・ブルボン」（Rosier de l'Ile de Bourbon、「ブルボン島のバラ」の意味）と名づけられ、ルドゥーテによってローザ・カニナ「ブルボニアナ」（*Rosa canina Burboniana*）の名のもとに描かれた（五十六頁図版）。これが英名でいうブルボ

Rosa Canina Burboniana. Rosier de l'Ile de Bourbon

「マレシャル・ニエル」
（つる性のティー・ローズの栽培品種。1864年に作出された）
モーベール画『バラの花とバラの木』（1872年）

前頁：ローザ・カニナ「ブルボニアナ」
ルドゥーテ『バラ図譜』
No.168

ン・ローズである。ブルボン・ローズは、半八重の芳香のすぐれたバラであるが、このバラこそ、両親とも自然界に存在しない雑種起原のバラから誕生した、まったくの人工のバラなのである。モダン・ローズは人工交配による両親間に生れたバラをいうのであり、ブルボン・ローズはその第一号たる資格をそなえているのだが、偶発的にできたところに、このことをいまひとつ誇れないところがあったのだろう。また花型も高芯剣弁ではない。モダン・ローズはブルボン・ローズ誕生の四十三年後に誕生した、最初のハイブリッド・ティー・ローズ、「ラ・フランス」がその出発点とされることになった。

一八七五年にフランスで作出された、コウシンバラの矮性品種（ヒメバラ）とノイバラとの交配種のように、一八七〇年代に入って日本のノイバラとテリハノイバラが交配に用いられる。現代バラにみられる多花性と耐寒性はノイバラ、つる性と強健性はテリハノイバラに由来するのである。さらに、ハマナスはそれまでのバラにない異色の美しさをモダン・ガーデン・ローズに加味したのである。

なぜルドゥーテはバラを描いたのか

ルドゥーテはこうしてバラ・ブーム萌芽期のバラの姿を記録するという、歴史的に重要な役割を果すことになる。そもそも、なぜルドゥーテはバラを描くことにしたのだろう。これはジョゼフィーヌからの注文によるものでないことだけは確かで、一般にはナポレオンと離婚して花とともに日々を送るジョゼフィーヌをなぐさめるためだとよくいわれているし、私もそういうことを書いたことがある。しかし、ほんとうはルドゥーテ一流の深い思慮の産物ではなかったかと思わずにはいられない。

ルドゥーテはバラに先立って多肉植物やユリ科植物の図譜を手がけてきた。地方別、地域別あるいは庭園別に珍稀な植物を描く図譜が主流であった時代に、ルドゥーテのモノグラフ的な図譜はとても斬新なものであったにちがいない。だが、ルドゥーテが植物画の世界に貢献したのは単に画を描く天分によるものだけではない。スティップル法と呼ぶ高度な多色刷り印刷技術の改良と実際の印刷への採用、植物画の需要を植物学から愛好家・一般市民へと拡大したことも見逃すわけにはいかない。ルドゥーテが用いたスティップル法によって、植物画はきめ細かい色のグラデーションを表現することが可能となったばかりか、さらに重要なことは画からの輪郭線を一掃することができた。

『バラ図譜』はモノグラフ路線にのる企画であり、しかも植物画を植物学から広く一般に開放するのには絶好の植物を対象としている。バラに次々と新しい栽培品種が生みだされていく状況というのは、それが要求されるか、経済的に成り立つ背景があってのことである。ルドゥーテはここでバラ・ブームに意識的に便乗したふしがある。ジョゼフィーヌは、ルドゥーテの『バラ図譜』の出版をみる前に亡くなってしまうが、ルドゥーテはそれでもこの企画を放棄しなかったのである。

オールド・ガーデン・ローズについての歴史を振りかえってきたが、ここで新しいバラの栽培品種の作出が、途中でイギリスからフランスに移ったことに注意したい。スレーターやパーソンズ、あるいはヒューム卿によって導入されたコウシンバラやそれとローザ・ギガンティアとの間に生じた雑種のローザ・オドラータは、結局イギリスの気候に馴染まなかったのである。その時代にオランダで開発された交配や播種法がフランスに伝わったことにより、コウシンバラの改良はフランスで進む。その頃の華々しい歴史に登場したのが、ジョゼフィーヌであり、ルドゥーテだった。

プロバンス・ローズ
フランソワ・ルニョー
『植物学概論』(1770-80年) より

次頁：バラ、アネモネなどの花束
ジャン=ルイ・プレヴォー
『花と果物写生図譜』(1805年) より

J. L. Prevost invenit.

4 ルドゥーテ以前のフランスのバラ図譜

ルドゥーテが発展させたスティップル法は、輪郭線を描かないことも手伝って、画全体に柔らかな印象を与えている。さらに、ルドゥーテの『バラ図譜』には立体的構成、優美な曲線の強調などを旨とするフランス植物画の特徴が実によく表れている。フランスのバラ図譜といえばルドゥーテがそれを代表するのは確かだが、ここでルドゥーテ以前の作品を眺めてみることにしよう。

大半がルイ十五世の統治下にあった十八世紀のフランス。経済力をもった新興市民が文化や政治を動かした。快楽を求め、装飾的感覚がもてはやされ、これを高揚するサロンが栄えた。この時代の文化を代表したのがロココ様式であった。フランスのバラ図譜はこの時代に独自の発展をはじめた。

いうまでもなく、バラは、巻き貝の螺旋《らせん》のようなモチーフを多用するロココ趣味にぴったりであった。一重ではなく、八重のバラである。だが、まだ当時はバラの多様さに限りがあったのは残念である。また、園芸バラ誕生の鍵となる、アジアの重要な野生種も伝わってはいなかったのだ。

フランソワ・ルニョー（François Regnault）は、同年の一七四六年生まれのジュヌヴィエーヴ・ドゥ・ナンジ・ルニョー（Geneviève de Nangis Regnault）の、エッチングと手彩色による植物画を自著に載せた。そのひとつ、「プロバンス・ローズ」（六十頁図版）にみるように、ルニョーの画はロココ趣味からは遠い。フランスの様式というより、そこにはかつてヨーロッパ全土に強い影響を残した、古い本草書時代《ハーバル》の様式の残滓《ざんし》が感じられる。しかし、余白を埋めた解剖図は正確であり、高い植物学的な理解度がみてとれる。

ビュショー（Pierre Joseph Buchoz）は、植物画を集めて編集出版しただけと酷評される人物である。一七七六年に刊行した彼の画集にバラが描かれているが、そのバラは、フヨウとバラを混合したような、これがバラかと疑いたくなる代物である（六十四頁図版）。画の下に記されている「繅絲花《そうしか》」とは、日本でも栽培されるイザヨイバラ（*Rosa roxburghii*）をさす。

ビュショーの画集は、当時の中国趣味《シノワズリ》のブームで、着物や陶器などの絵つけに利用された。後に、浮世絵の影響から独自の絵画を発展させたフランスであるが、植物学的に正確であることが不可分なこのジャンルに中国など東洋の植物画は馴染まなかった。

植物と風景を描いた画家プレヴォー（J.L.Prévost）は、花束を描くという、いまは廃《すた》れてしまった植物画の存在を示しているが、その正確な写実には目をみはるものがある（六十一頁図版）。

デュアメル・デュ・モンソー（H.L.Duhalmel du Monceau）は植物学のほか、航海術でも著名な人物であり、自分の著した『樹木概論』（*Traité des Arbres et Arbustes*）にルドゥーテとベッサ（P.Bessa）による植物画を載せた。この本に載った植物画はいずれも教科書の挿図というべき性質のものであるにもかかわらず、心に迫るものがある。エングレーヴィング（金属板に直接彫刻して刷った版画）、手彩色のベッサのバラは、ほぼ同時代のルドゥーテのバラに似ている。そのちがいはほとんどなく、もしかしたらこの種の出版物に個人差は許されなかったのかもしれない（六十四頁図版）。

右：プロバンス・ローズ
（ローザ・ケンティフォリア）

デュアメル・デュ・モンソー
『樹木概論』（1800-19年）より
ベッサ原画

左：バラ

ピエール・ジョゼフ・ビュショー
『中国ヨーロッパ美花精選図集』（1776年）より

5 イギリスのバラ図譜

イギリス人のバラ好みは長い歴史をもつ。その長い歴史を貫く、歴代の植物画の特徴なるものを考えてみるのだが、あまりはっきりしない。強いていえば、植物画の構図にはお国柄というべき恣意《しい》性があまりないことか。はじめから美しく描くなどという発想はないのかもしれない。

刺の多い、毛深い茎や葉も、花同様にバラの一部である。すべてを正確に観察して、トータルにとらえることによって、はじめて真にバラを理解しえるのだ、といわんばかりである。だから芳香のような目でとらえることのできない属性などは問題の埒外のことなのだろう。あるがままをとらえる。画家の個性に加え、バラにたいする観察の精度が問題なのだ。

植物画は、まず植物学的に正確であることを重視するイギリスの伝統にいきあたる。植物画イコール ボタニカル・アートはその条件を満たしてこそ成り立つ芸術なのである。ちょうどクラシック音楽の演奏が、作曲者の譜面があってはじめて成り立つように。

だが、いうは易くであり、実際には首をかしげたくなる作品も数多い（六十六頁図版）。葉や果実がなければゼラニウムとまちがえてしまいそうなブラックウェル（Elizabeth Blackwell）のバラ図は、本草書《ハーバル》時代の名残りが色濃く、力強いが、正確に描く技術が残念ながらともなっていない。

一七三〇年にイギリス園芸家協会が刊行した植物目録に収められたヤーコブ・ファン・ハイスム(Jacob van Huysum) の手になるバラ図は、その目的上、花が中心に描かれているが、花以外の素描は

Rosa Provincialis spinosissima pedunculo muscoso.
Moss Provence Rose
Rosa ex rubro-nigricante flore pleno.
Double Velvet Rose.
Rosa sylvestris Austriaca flore phœnicio.
Austrian Rose
Rosa lutea multiplex.
Double Yellow Rose
Rosa Provincialis major flore pleno ruberrimo.
Red Provence Rose

Rosa Canina seu sylvestris.
1. Blume.
2. Frucht.
3. Saamen.
Wilde Rosen.
Heck Rosen.

97

イヌバラ

ウィリアム・カーティス
『ロンドン植物誌』(1777-98年)より

前頁上：各種の園芸バラ
『園芸家協会植物目録』(1730年)より
ヤーコブ・ファン・ハイスム原画

下右：ローザ・マクロフィラ
ナサニエル・ウォーリック『アジア稀産植物図譜』(1830-32年)より
ヴィシュヌプラサード原画

下左：イヌバラ
エリザベス・ブラックウェル『珍奇植物図譜』より

不正確である。ブラックウェル同様に、彼の植物画もまだイギリス本来のボタニカル・アートからは距離を感じさせる。

ウォーリックの『アジア稀産植物図譜』(*Plantae Asiaticae Rariores*)は、インド人画家による植物画が興味深い。ここに掲げたバラの図は、そのひとりヴィシュヌプラサード(Vishnupersaud)によるものである。イギリス流植物画のスタイルと技法が確立し、同時に植民地化が進むインドへも波及していったことを物語っている。

イギリスの植物画の発展で欠かせないのは、カーティスが一七八七年に創刊した『ボタニカル・マガジン』と『ロンドン植物誌』(*Flora Londinensis*, 1775-98)であろう。彼らの画の葉先の曲がり具合いなどを眺めてみると、あたかも小さな袋に入れて運んできたためについたくせまで、そのまま描いてしまったように思える。そこには、バラ園からいま花盛りのひと枝を切ってきて、写生しただけという風な自然さがある、というのが私の彼らのバラにたいしての印象である(三十一、三十三、三十六、六十七頁図版)。

ウォーリックやシブソープの著作より少し前の一八二〇年に出版された『ローザルム・モノグラフィア』(*Rosarum Monographia*)すなわち『バラ属分類誌』を忘れてしまうわけにはいかない。このわずか一五五ページに過ぎない小さな本は、いまでもバラの研究にとって重要な著作である。その著者ジョン・リンドレイ(John Lindley)は、数多くのすぐれた業績を残した植物学者だが、この一書のみで重要なバラ学者のひとりとして認められることになった。この本には十九の図版が収められており、そのうち、十八図が手彩色による彩色図版であるが、最後の一図のみは無着色の線画で出版された。

この無着色図と着色図のあいだには大きなちがいは認められないところから、最初からこれを無着色とすることが意図されていたとは思えない。図はワッツ（J.Watts）により彫版されたが、原図はリンドレイ自身とカーティスによって描かれたものである。本のつくりも含めて、これがカーティスの『ボタニカル・マガジン』によく似ているのも、画の雰囲気が同じであるためかもしれない。

『バラ属分類誌』はリンドレイが二十一歳の時に著した、彼の植物学における最初の著作でもある。植物画として重要な植物学的な正確さという点では申し分ないのだが、挿入された植物画の方はバラの雰囲気をあますところなく読者に伝える出来栄えとはいいがたい。すなわち、構図も凡庸で、スケッチそのものも並の出来でしかない。こうした仕上がりの凡庸さは彫版によるものだろうか。カーティスの植物画としては最低の部類に入るものである。これがリンドレイの著作でなければ忘れ去られてしまう運命にあったのではないだろうか。これは私だけの評価ではあるまい。

ローザ・ウィルモッティアナ（*Rosa willmottiana*）にその名を残すエレン・ウィルモット（Ellen A. Willmott）の『バラ属』（*The Genus Rosa*, 1910-14）は、実際には忠実度の高いバラの画を収めた植物画集といえるものだが、このバラの画を描いているのはアルフレッド・パーソンズ（Alfred W. Parsons）である。バランスもよく、しかも種や栽培品種の特徴がよく表れる工夫のこらされた水彩画は、古今のバラ画のなかでも特にすぐれたもののひとつである（七十一頁図版）。

一九五五年と五七年にロンドンのレインバード社から出版された『オールド・ガーデン・ローズ』（*Old Garden Roses*）にふれておきたい。これは第一部（一九五五年刊）と第二部（一九五七年刊）で著者が異なるが、画はチャールズ・レイモンド（Charles Raymond）が描いている。レイモンドによる十

コウシンバラの栽培品種

エレン・ウィルモット『バラ属』(1910-14年)の原画
アルフレッド・パーソンズ画　水彩

前頁上：ローザ・ピンピネリフォリア
ジョン・リンドレイ画
水彩　1821年

前頁下：ローザ・ガリカ「ウィオラケア」
『オールド・ガーデン・ローズ』第1部(1955年)より
チャールズ・レイモンド原画

六点のオールド・ガーデン・ローズの画は個性的である。私には彼は花と葉の双方の調和を画面上に描こうとしているように思える。余白の大きい画面構成も効果的だが、西洋の画家にはめずらしく、画そのものが平板になる傾向がある（七十頁図版）。

レイモンドは、ルドゥーテやカーティスなどが創り上げてきたバラの描き方にたいして、それとは異なるバラのとらえ方・描き方を工夫している。この点バラの植物画といえばルドゥーテを手本とした手法の画がほとんどの現代の日本に比べると、その独創性は高く評価されなければならない。いくら対象が自然物でそのデフォルメが許されないとはいっても、画は創造の産物である。十分に創造的であることに加えて、彼の画は細部までごまかしがみられない。実に立派な植物画である。ただ、この画面構成には好き嫌いが生まれそうである。

バウアー兄弟

後述するエーレットと同じく、フランシス（Francis Bauer）とフェルディナント（Ferdinand Bauer）のバウアー兄弟もドイツ生まれで、イギリスで活躍したすぐれた植物画家である。彼らの父は、一九一九年以降（旧）チェコスロヴァキア領となった低地オーストリア地方のフェルズベルクに住んでいた、リヒテンシュタイン皇太子つきの宮廷画家であった。しかし、フランシスとフェルディナントを含む三人の子供がまだ幼いうちに亡くなった。長男はヨゼフといい、皇太子のコレクションを管理するキュレーターとなったが、残る二人は画業の道を選択することになった。

フランシスは十三歳のときに描いた植物画が印刷出版されるほどの早熟をみせたが、二歳下で三男のフェルディナントもフランシスに劣らず、十五歳のときにはその才能が修道院長を務めるノルベルト・ボッキウス神父の目にとまった。神父は資質に恵まれた植物学者でもあったのである。その神父に植物学的な指導を受けた二人の兄弟は一七八〇年頃にウィーンに行き、フェルディナントはそこで作曲家モーツアルトの数少ない友人でもあった、ニコラウス・フォン・ジャカン（Nicolaus Joseph von Jacquin）に雇われることになった。一七八四年にオックスフォードの教授であったジョン・シブソープ（John Sibthorp）は、著名な本草家《ハーバリスト》ディオスクリデスの『薬物誌』のウィーン古写本（*Codex Vindobonensis*）を調べるためにウィーンに滞在していた。ちょうど、ディオスクリデスが記載した植物を調べるためにレヴァントに旅行に出る直前でもあった。ジャカンとボッキウスの厚意で、シブソープはフェルディナントと面識をもつこととなり、自分の画家として彼を、義兄弟のジョン・ホーキンズ（John Hawkins）と一緒に旅行に伴ったのである。このとき、フェルディナントはほとんど英語を解すことができなかった。ホーキンズが、この旅行で欠かせぬ人物となった。彼は、現代・古代ギリシア語に通じ、ドイツ語も解した古典学者であり、植物学にも地質学にも造詣が深かった。

一七八六年春にウィーンを発ち、六月までクレタで過ごした後、キプロス、イズミールを含む東地中海地域の第一回目調査に出かけた。そして、この調査の成果が、シブソープとジェイムズ・エドワード・スミスほかの手になる『ギリシア植物誌』（*Flora Graeca*）に結晶する。フェルディナントは旅行中に貯えたたくさんのスケッチを出版するため、シブソープに伴われ、オックスフォードに赴いた。たぶん、フェルディナントの勧めによると考えられるが、フランシスもイギリスに渡ることになった。フランシスはそこからパリに出るつもりだったが、フランス革命のため中止せざるをえなくなった。

ローザ・センペルウィレンス
ジョン・シブソープほか『ギリシア植物誌』(1806-40年) フェルディナント・バウアー画

前頁上：ノイバラの栽培品種
フランシス・バウアー画　水彩　1800年頃
前頁下：バラ
ディオスクリデス『薬物誌』ウィーン古写本 (512年頃) より

だが、フランシスは幸いにもロンドンでバンクスの知遇をえる。バンクスはキュー王立植物園の園長であり、自身の資産によってフランシスを破格の高給で雇った。これはバンクスの死後も続いた。こうしてフランシスはキュー王立植物園の重要な植物画家となり、フェルディナントとはまったく別個に一七九〇年にキューに居を構え、フェルディナントの死から十五年後に同地で亡くなった。

二人のバウアー兄弟はいずれ劣らぬ植物画を残している（七十四、七十五頁図版）。彼らの画はかのエーレットに近いものを感じさせるが、エーレットの画と比べるとどちらも繊細である。植物のもつみずみずしさ、柔らかさが画に加わった感じがする。植物自体の描き方にもちがいがあってのことだが、こうした印象は、画面の微妙なアンバランスさによっているところが大きい。茎や枝がエーレットに比べると少し曲っている。実際の植物をつぶさにみれば、ほとんどまっすぐな茎をもつ個体の方が少ない。エーレットがその植物の理想の姿を描いたとすれば、バウアー兄弟は自然界にあるがままの個体を描いた、ということができるかもしれない。こうした視点は当然そこに描かれた植物をより自然なものにみせることになる。

バウアー兄弟とルドゥーテ

ところで、フェルディナントの描いたヨーロッパのテリハノイバラともいえるローザ・センペルウィレンス（*Rosa sempervirens*）だが、同じバラを描いてもルドゥーテのとはまったくちがうバラの画になっていることに驚きを禁じえない（七十五頁図版）。ルドゥーテも『バラ図譜』でこのバラを描いている（62図、本書四十八頁）。そのほかにも、変種を描いた図（79図、159図）があるのだが、ルドゥーテの図には野生の趣きが乏しい。どちらも、実際にこれほど均整のとれたものは少ないのではと思う個体を描いているのだが。ルドゥーテのバラは、一般に目の位置がバラを少し上方から眺めるところにある。だから、とくに下方の葉は上から見下ろすように描くことになる。フェルディナントの目はバラと向かい合っている。目の位置がどこにあるかでこれだけのちがいが生まれてくる。

さらに大きなちがいを指摘したい。それはフェルディナントの画が、このバラ本来の花のつき方、つまり枝先の集散《しゅうさん》花序《かじょ》に花がつくことを如実に示しているのにたいして、ルドゥーテの作品ではこの点がはっきりしない。ルドゥーテの描いた個体はそもそも花序の花つきの悪い個体だったと思われる。エーレットが個々の植物種の理想を描いたのにたいして、バウアー兄弟も、そしてルドゥーテも自然にある植物をありのままに描いた。だからこそ、どの個体を描くべきか、つまり、どの個体を対象に選択するのかは、画作の第一に重大な決め手になる。

フェルディナントはシブソープやホーキンズという植物学者が身近にいる環境で、このバラをスケッチしたにちがいない。これにたいして、マルメゾンのルドゥーテは、栽培されるバラを手当たり次第描いたが、その過程で植物学者との意思の疎通は乏しかったのではないか。いみじくも、このバラの二つの植物画は、ボタニカル・アートにおいて、画家と植物学者との協働がいかに重要かということを的確に示すよい例になっている。そのうえで、さらに画家の天分の差が加わるのはいうまでもなかろう。

ここに紹介したフェルディナントの、ローザ・センペルウィレンスの画は、史上最もすぐれたボタニカル・アートのひとつではないだろうか。

右：刺なしバラ
トルー『美花図譜』（1750-86年）より
エーレット原画

左：昆虫とともに描かれたバラ
トルー『美花図譜』（1750-86年）より
カレル原画

右：ローザ・シルウェストリス
クノール『王の植物標本室の宝物』（1750-72年）より

左：ローザ・ブランダ
ジャカン『美花図譜』（1800-09年）より

6 ドイツ、オーストリアのバラ図譜

南ドイツの古い町ニュールンベルクは、植物画の歴史の上で重要な意味をもっている。植物画はこの古い町でのみ発展したのではないけれども、ニュールンベルクは多くの植物画家を輩出し、すぐれた植物図譜が出版された。この町の医者であり、博物学者であったトルー（Christoph J.Trew）は植物画家を庇護し、作品を出版した。一時代を画したエーレット（G.D. Ehret）もそのひとりである。彼のバラの図は『美花図譜』（*Plantae Selectae*）のなかにもあるが、それは彫版が悪く、エーレット本来の生彩と植物学者顔負けの正確さに欠けている。それでも、不透明な色づかい、花をいくぶん大きく、かつ真正面から描き、葉はあらゆる角度で描くという、彼の画がもつ特徴をかいまみることができる（七十八頁図版）。

同じ図譜に収められた、二匹の昆虫とともに描かれたバラの図は、十七世紀末から十八世紀初めに活躍した著名な女性画家メリアン（Maria Merian）を思わせる。画家の名は記されていないが、おそらくカレル（Karell）の手によるものであろう（七十八頁図版）。

ワーグナーの歌劇『ニュールンベルクのマイスタージンガー』でも知られたこの町に、画家で彫版師で古生物学者で画商という超多彩な才能をもったクノール（G.W.Knorr）という人がいた。トルーと同じ頃である。クノールは三百図を収載した植物図譜を出版した。この図譜は直訳すると『王の植物標本室の宝物』（*Thesaurus Rei Herbariae*）というような題名だが、世界中の珍奇な植物の画を集めたオムニバス形式の出版物である。いずれも銅版手彩色の図であるが、クノールの画の多くは、正面からバラの花を描いている（七十九頁図版）。これは写真で撮ったように描くのとは趣向の異なる植物画である。全体として偏平な描き方は、クノールが植物図譜をおし葉帳に代わるものと考えていたことを暗示している。

オランダ生まれのニコラウス・フォン・ジャカン（前出）がウィーンで活躍するのは、一時はオランダさえ領有したハプスブルク家の歴史とからむ。なぜなら、彼をウィーンに招いたのは、女帝マリア・テレジアの侍医で、オランダ人のヘーラルト・ファン・スヴィーテン（Getard van Swieten モーツァルトのパトロンとして有名なゴットフリートの父）であった。ジャカンはシェーンブルン宮の庭園長となり、各地に植物探検隊を派遣し、いまだヨーロッパに知られざる植物の移入に力を注いだ。コウシンバラに *Rosa chinensis* の学名を与え学界に紹介したのもジャカンである。すぐれた植物学者であり、また植物画家でもあったジャカンは、植物画集をも多数出版した。

ジャカン自身の手になるバラの植物画はないが、彼の著作にはかなりのバラの画をみることができる（七十九頁図版）。そうしたバラの画のひとつに横向き正面から花を描くやり方がある。これはおし葉標本を描くという意識からのものである。おし葉標本のように描いた植物画は、特にドイツやオーストリアの植物図譜によくみかけるが、この趣向は両国だけに固有のものではない。バラの花をバラらしく描くことはかなりたいへんなことである。ルドゥーテのバラの図を見慣れてしまった現代人にはジャカンの画法はかえって新鮮に映る。ルニョーやブラックウェルの本草学時代の面影を引きずったバラと比べると、ジャカンからルドゥーテにいたるバラの描き方の進化の道筋がおぼろげながらみえてきそうである。

植物画家にとってバラは手ごわい。芳香さえも感じさせるルドゥーテのバラの印象があまりに強いこともあって、独創的なバラの植物画が多くの人々に受け入れがたいものになっている、と私は思う。

＊＊＊

初めにも書いたようにバラが特別の花になった背景に帝政ローマを範とする貴族文化やキリスト教との関係がある。私個人はその両方ともに縁がない。にもかかわらずバラに引かれる。無論バラだけが私の興味を抱く花なわけではないが、バラには私の専門とする植物学を超えた魅力を感じるのだ。私事にわたって恐縮だが、病弱だったこともあり、幼少の頃の私は植物画を眺めるのが好きだった。そうしたことがあって、自分のバラへの傾倒は植物画からはじまったのではないかと思っている。植物画は典型的なバラの姿を伝えるだけでなく、整っている。その後、実際に目にしたバラと描かれたバラの間のギャップを埋めるのに苦労した。野外で過ごすことが少なかったので、実際の植物に接することがあまりなかった。

再び野外の調査にそう頻繁には出られなくなった。歳のせいもある。その植物画をいまの私は歴史の証拠物件として眺めることが多くなった。ただ、画中のバラに魅了される気持ちはいささかも変らない。バラは描かれてもバラとしての美しさを保ち続けている。否、実物以上に実物らしくみえる。この不思議さは他の植物で味わうことのできないものである。図譜が実際のバラのごとくに、あるいは読者に実物では感得できなかったバラへの関心をかきたてる契機となることを期待したい。

ローザ・エグランテリア（*Rosa eglanteria*） 44★
ローザ・オドラータ（*Rosa odorata*） 38, 42, 59
ローザ・カニナ「ブルボニアナ」（*Rosa canina* 'Burboniana'） 55
ローザ・ガリカ（*Rosa gallica*） 12, 14, 15, 17, 20, 24-28, 38
ローザ・ガリカ「アウレリアネンシス」（*Rosa gallica* 'Aurelianensis'） 50, 53★
ローザ・ガリカ「ウィオラケア」（*Rosa gallica* 'Violacea'） 70★
ローザ・ガリカ「ウェルシコロール」（*Rosa gallica* 'Versicolor'） 22★, 50, 52★
ローザ・ガリカ「オフィキナリス」（*Rosa gallica* 'Officinalis'） 18★, 19★
ローザ・ギガンテア（*Rosa gigantea*） 42, 43, 59
ローザ・キネンシス（*Rosa chinensis*） 38
ローザ・キネンシス「センペルフローレンス」（*Rosa chinensis* 'Semperflorens'） 36★
ローザ・ケンティフォリア（*Rosa centifolia*） 11, 12, 17, 20, 30★, 34, 64★
ローザ・ケンティフォリア「ムスコーサ」（*Rosa centifolia* 'Muscosa'） 31★
ローザ・コリンビフェラ（*Rosa corymbifera*） 32
ローザ・シルウェストリス（*Rosa sylvestris*） 79★
ローザ・センペルウィレンス（*Rosa sempervirens*） 11, 15, 48★, 50, 75★, 76
ローザ・ダマスケナ（*Rosa damascena*） 23★, 28
ローザ・ダマスケナ「アウロラ」（*Rosa damascena* 'Aurora'） 48★, 50
ローザ・デュメトルム（*Rosa dumetorum*） 11
ローザ・ノワゼッティアナ（*Rosa noisettiana*） 50, 54, 56★
ローザ・ノワゼッティアナ「プルプレア」（*Rosa noisettiana* 'Purpurea'） 44★, 47
ローザ・ビフェラ（*Rosa* ×*bifera*） 35
ローザ・ピンピネリフォリア（*Rosa pimpinellifolia*） 70★
ローザ・ピンピネリフォリア・ミリアカンタ（*Rosa pimpinellifolia* var. *myriacantha*） 15
ローザ・フェティダ（*Rosa foetida*） 33★, 38
ローザ・ブランダ（*Rosa blanda*） 79★
ローザ・ブルノニイ（*Rosa brunonii*） 33★
ローザ・ペルシカ（*Rosa persica*） 7, 8
ローザ・マクロフィラ（*Rosa macrophylla*） 66★
ローザ・ムルティフローラ「カルネア」（*Rosa multiflora* 'Carnea'） 33★, 45★, 47
ローザ・モスカータ（*Rosa moschata*） 15, 38, 54
ローザ・モスカータ「ネパレンシス」（*Rosa moschata* 'Nepalensis'） 33★
ローザ・ルゴサ「カムチャティカ」（*Rosa rugosa* 'Kamtchatica'） 33★
ローザ・ルビギノサ「アネモネ-フローラ」（*Rosa rubiginosa* 'Anemone-flora'） 44★, 47
ローザ・レウカンタ（*Rosa leucantha*） 49★
ロジェ・ドウ・リル・ドウ・ブルボン（Rosier de l'Ile de Bourbon） 55
ローズ・オブ・プロヴィンス（Rose of Provins） 24

パーソンズ・ピンク・チャイナ（Parsons' Pink China） 39-42, 43, 51, 54
ハイブリッド・ウィクライアナ（Hybrid Wichuraiana） 46
ハイブリッド・ティー・ローズ（Hybrid Tea rose） 20, 42, 43, 46, 55
ハイブリッド・パーペチュアル（Hybrid Perpetual） 35, 41★, 43, 46
ハイブリッド・ポリアンサ（Hybrid Polyantha） 46
ハマナス（*Rosa rugosa*） 33★, 58
パリダ（Pallida） 42
ヒメバラ（*Rosa chinensis* f. *minima*） 46, 58
ヒュームズ・ブラシュ・ティー・センティド・チャイナ（Hume's Blush Tea-scented China） 44★, 42
フランスバラ（*Rosa gallica*） 24
ブルボン・ローズ（Bourbon rose） 55
フレンチ・ローズ（French rose） 24
プロバンス・ローズ（Provance rose） 12, 20, 21, 34-35, 60★, 62, 64★
フロリバンダ（Floribunda） 46
ペルシアナ（Persiana） 46
ペルネティアナ（Pernetiana） 46
ベンガル・ローズ（Bengal rose） 38
ポリアンサ・ローズ（Polyantha rose） 46
ホワイト・ローズ（White rose） 32

マダム・ハーディ（Mme. Hardy） 32
マリー・ルイーズ（Marie Louise） 32
マレシャル・ニエル（Maréchal Niel） 55, 57★
マンスリー・ローズ（Monthly rose） 42
ミニアチュア・ローズ（Miniature rose） 46

薬剤師のバラ（Apothecary's rose） 25
ヨーク・アンド・ランカスター（*Rosa damascena* var. *versicolor*） 29

ラ・フランス（La France） 20, 58
レダ（Leda） 32
ローザ・アルウェンシス（*Rosa arvensis*） 49★, 50
ローザ・アルバ（*Rosa alba*） 12, 14, 15, 17, 20, 21, 32-34, 38
ローザ・アルバ「フロレプレナ」（*Rosa alba* 'Floreplena'） 26★
ローザ・インディカ「クルエンタ」（*Rosa indica* 'Cruenta'） 37★
ローザ・インディカ「フラグランス」（*Rosa indica* 'Fragrans'） 40★
ローザ・ウィルモッティアナ（*Rosa willmottiana*） 69
ローザ・エヴァラティナ（*Rosa evratina*） 44★, 47

★バラ名索引［★印は図版の掲載頁］

アントワーヌ・デュシェ（Antoine Ducher） 46
イザヨイバラ（*Rosa roxburghii*） 63
イヌバラ（*Rosa canina*） 11, 15, 17, 27★, 32, 38, 66★, 67★
ウィリアム・アレン・リチャードソン（William Allen Richardson） 55
ウェルシコロール（Versicolor） 29
オフィキナリス（*Rosa gallica* 'Officinalis'） 25
オールド・ブラシュ・ノワゼット・ローズ（Old Blush Noisette rose） 54

キャベジ・ローズ（Cabbage rose） 34
グランディフローラ（Grandiflora） 46
コウシンバラ（*Rosa chinensis*） 17, 20, 38, 42, 43, 54, 59, 71★
香水月季 42

ジャンヌ・ダルク（Jeanne d'Arc） 34
シュラブ・ローズ（Shrub rose） 46
スレーターズ・クリムソン・チャイナ（Slater's Crimson China） 36★, 37★, 38-39, 43
セミプレナ（*Rosa alba* f. *semiplena*） 32
センティフォリア（Centifolia） 34
ソレイユ・ドール（Soleil d'Or） 46

ダマスクバラ（*Rosa damascena*） 15, 17, 20, 21, 23★, 28-29, 32, 35, 38, 43
ダマスク・ローズ（Damask rose） 28
チャイナ・ローズ（China rose） 38
長春 38
ティー・センティド・チャイナ（Tea-scented China） 42
ティー・ローズ（Tea rose） 20, 42-43, 46, 54, 57★
デュシェス・デュ・モルニ（Duchesse de Morny） 41★
テリハノイバラ（*Rosa luciae*） 35, 46, 58
刺なしバラ 78★

ナニワイバラ（*Rosa laevigita*） 47, 48★
ノイバラ（*Rosa multiflora*） 33★, 35, 46, 58, 74★
七姉妹（Seven Sisters） 45★, 47
ノワゼットバラ（*Rosa noisettiana*） 54, 55

パークス・イエロー・ティー・センティド・チャイナ（Parks' Yellow Tea-scented China） 42, 55

フローラの王国

——西洋絵画に描かれたバラ——

望月典子

★はじめに――バラに込められた意味

十九世紀にフランスで活躍したファンタン＝ラトゥールという画家は、数多くの美しい「花の絵」を残した。左の絵はその一枚で、花瓶から溢れ出んばかりに咲き誇るバラ、ダリア、グラジオラス、ベゴニアが描かれている。絵画史的に見れば、この絵はオランダの花卉画（図2）やフランスの花の画家ジャン＝バティスト・モノワイエ（図3）などの伝統に繋がる、いわゆる「花の静物画（花卉画）」のひとつであって、このような「花の絵」は、西洋とは違った文化的伝統を持つ我々日本人にとっても、親しみのある主題であり、西洋絵画のひとつの典型として受け容れられてきた。カレンダーやポスターに使われることも多いので、典型どころか陳腐に感じられることさえあるかも知れない。

しかし、写実的な手法で描かれたラトゥールの作品は、陳腐どころか実は当時の流行の先端を描いたものなのである。ここに描かれたバラは、どれも十九世紀に創り出された新しい品種のバラだからだ。ホイップクリームのような色と肌あいを持つバラは、一八一六年に初めて中国バラとヨーロッパのバラを掛け合わせてできたブルボン・ローズ、真紅のバラはハイブリッド・パーペチュアル、ピンクのバラは一八六七年にフランスのギヨーが作出した最新のハイブリッド・ティー・ローズである。[*1] この絵は、バラ栽培の歴史で言うモダン・ローズ出現の記録なのだ。ファンタン＝ラトゥールは、栽培品種が飛躍的に増えたこの時期に、その新しいバラの姿を繊細なタッチで画布上に留めたのである。

図1：イグナス＝アンリ・テオドール・ファンタン＝ラトゥール《6月のバラ色の豊かさ》1886年
図2：ヤン・ファン・ハイスム《テラコッタの壺に生けた花》18世紀前半
図3：ジャン＝バティスト・モノワイエ《花瓶の花》17世紀後半

1

3

2

さて、描かれたバラの品種はさておき、画題としての「花の静物画」は、果たして西洋絵画のなかで、どれほどの伝統を持つのだろうか。歴史を振り返って見ると、花だけを対象とした「花の静物画（花卉画）」が登場するのは、古典古代を別にすれば、ようやく十六世紀後半から十七世紀初めになってからである。キリスト教を主題とした絵画が、一二世紀末から連綿と描き続けられてきたことに比べれば、「花の静物画」が登場したのは、かなり最近のことと言える。十七世紀より昔の西洋絵画は、聖書や歴史上の物語、あるいは古代ギリシャ・ローマの神話物語など、文字で書かれた物語に基づいて、そこに登場する人間や英雄や神様たちを主人公としたドラマを描き出す「物語画」が主流であって、花そのものを主題とする「花の静物画」が描かれることはなかった。しかし、そうした「物語画」の一遇に、花は頻繁に描き込まれてきたのである。その花は単なる装飾ではなく、多くの場合、登場人物やストーリーを示す小道具として、あるいは抽象的な意味内容を象徴するものとして、「物語画」の中で何かしらの役割を果たしていた。

十六世紀終りから十七世紀に「花の静物画」が絵画のひとつのジャンルとして独立していく背景には、絵の受容者である顧客層の変化や、園芸の流行、花に対する博物学的・本草学的な関心の高まり、[*2] 珍品や美術品のコレクションの流行などがあったが、絵画表現の歴史の現象として見るならば、人間のドラマを描き出す物語画の中で、花を描いた部分が独立していったもの、とみなすこともできる。[*3] その時、物語の中で花が果たしていた役割が、独立した花の絵画になっても、そのまま続いていった場合もあるし、異なる文脈に移されて意味が増幅されることもあった。反対に、もともとの意味から解放され、もっぱら視覚的な喜びのために描かれることもあった。

西洋文明が始まって以来、バラはその美しさとかぐわしい香りから、まさに花を代表する存在であった。古くからバラは、たくさんの物語や登場人物に結びつけられ、結果的に様々な意味を持つようになった。同じバラの花であっても、それが表す意味（あるいは無意味）は、文脈や設定に応じて変幻自在である。その多様な意味は、古代から現代まで、西洋世界に連綿と受け継がれてきた伝統に根ざしている。どのような象徴的意味が、どのような理由でバラに与えられることになったのか、オールド・ローズが絵に描かれた時代を中心に、ひととき、西洋美術の中にバラを探す旅に出てみよう。

1 肖像画のバラ

次頁の可愛いらしい王妃の肖像画は、十七世紀スペインの巨匠ベラスケスが描いた《バラ色の衣装のマルガリータ王女》である（図4）。王妃の傍らに、さりげなく置かれた花瓶の花はアイリス、マーガレット、ピンクのバラなどで、それらを描く奔放で素早い筆致は、画家ベラスケスの光に対する繊細な感受性を示している。[*4] ベラスケスは後に「視覚の魔術師」と呼ばれ、その卓越した技量は、二百年を経て印象派の画家マネを魅了した。マネもまた、切り花のバラが持つ束の間の美しさを、油彩画のマティエールを活かしつつ描き出した[*5]（図5）。ふたりの描いたバラを、その部分だけを取り出して

4

図4：ディエゴ・ベラスケス《バラ色の衣装のマルガリータ王女》1653-54年頃
図4 a：図4の部分
図5：エドゥアール・マネ《テーブルクロスの上の2本のバラ》1882-83年

5

4 a

見比べれば（図4aと図5）、二世紀もの時代を超えた練達の画家たちが、それぞれに油彩画の手法を駆使して、自然のバラの美しさを独自に再現したものと見ることもできるだろう。

しかしここで、ベラスケスのバラが、肖像画の一部であったことを思い出す必要がある（図4）。量感のあるカーテンを背に、絨毯の上に王女を立たせ、その脇にテーブルを置いたのは、十六世紀以来の宮廷肖像画の一般的な形式を踏襲したものである。さらに傍らに花を描き込んだのは、造形上の要請、つまり画面全体の構図や色彩のバランス、装飾的な効果のために、その場所に花を置いた方が良いと判断したからであろう。しかし、花瓶の花は色と形だけから選ばれたのではない。マーガレットは「マルガリータ」という名前を暗示し、アイリスは純潔の象徴である。[*6] ピンクのバラは、美と若さ、そして愛を象徴している。描かれた花には、メッセージが込められているのである。この象徴的意味は、画家の単なる知的戯れなのだろうか。あるいは後代の研究者の「深読み」に過ぎないのだろうか。

この肖像画が、オーストリア・ハプスブルク家のレオポルド一世に贈られた、いわば当時のお見合い写真であったことを考えると、その答えは自ずから明らかになる。さりげなく置かれた花瓶の花を描くとき、画家は花の種類を慎重に選ぶことで、絵画全体に花の持つ象徴的な意味を付け加えた。花瓶の花は、可愛らしい王女マルガリータの肖像全体の意味に関わるのである。そして、当時その絵を見た人々は、確実に画家の意図を読み取ったに違いない。

九十六頁の夫婦の肖像画（図6）は十七世紀に描かれたもので、夫人の傍らにはバラが描かれ、夫人はそれに手を添えている。このバラも、肖像画を華やかにするための単なる装飾ではない。バラは結婚で結ばれる男女の変らぬ愛の絆を強調しているのである。しかもよく見ると夫人が手を触れているバラには棘がなく（図6a）、この結婚には何ら障害がないことを示しているようだ。[*7] バラが愛を象徴するのは、古代ギリシャ・ローマ神話の愛と美の女神ヴィーナスから、キリスト教の聖母マリアへと受け継がれた西洋美術の伝統であり、この肖像画もそうした伝統を踏襲しているのである。

伝統から解き放たれた「現代生活」を描いた近代の画家マネの作品になると、バラの象徴的な意味はずっと希薄になっているかもしれない（九十二頁、図5）。しかし、ここに描かれたバラが、友人から貰った見舞の花束のバラであり、当時、晩年のマネは重い病を患っていたことを思い起こせば、生命のはかなさと、画家としての「美」の追求（のはかなさ）を、バラの花に託したと見ることもできるだろう。美の象徴であるバラは、切り花になると、すぐに枯れてしまうという「はかなさ」の象徴でもあった。

図7aの絵には、水に浮かんだバラの枝が見える。摘み取られた花のようだ。しかも花びらが一枚落ちてしまっている。このバラも、クリスティン・ボワイエという女性の全身像を描いた肖像画の一部として描かれた（図7）。ナポレオンの肖像やその事蹟を描いた絵で有名な画家グロによる作品である。ここに描かれた若い女性は、ナポレオンの実弟ルシアン・ボナパルトの最初の妻だったが、二十四歳の若さで亡くなってしまった。クリスティンの死後に描かれたこの肖像画で、グロは、バラの茂みから摘んだばかりのピンクのバラの花を川の流れに乗せ、それをクリスティンに見つめさせることで、

6

6a

図6：バルトロメウス・ファン・デル・ヘルスト
《アーブラハム・デル・クルトとマーリア・デ・ケールセヒーテルの肖像》1654年
図6a：図6の部分
図7：アントワーヌ＝ジャン・グロ
《クリスティン・ボワイエ》1800年以降
図7a：図7の部分

7

7 a

美しい若い女性のはかない命を表している。

もう一枚、バラが重要な役割を果たしている肖像画を見てみよう。図8のラファエル前派風の女性は、イギリス・ヴィクトリア朝時代に、その美貌で名高く、かつ女優でもあったリリー・ラングトリィの肖像である。ジャージー島生まれの田舎娘だったリリーは、都会に憧れ、ロンドンに家を持つ金持ちのエドワード・ラングトリィと結婚した。ロンドンに出ると、美しいリリーはたちまちの内に社交界で有名になり、皇太子アルバート（後のエドワード八世）の愛人になった。この肖像画はちょうどその頃に制作されたものである。エドワード・ポインターが非常に精緻に描き出したこの女性は、黄色いバラを右手で胸に当て、左手に白いバラを持っている。ヴィクトリア朝の花言葉では、黄色いバラは、「嫉妬深い愛」あるいは「不義」を、白いバラは「沈黙」を意味する。リリーの夫は、妻が皇太子の愛人であることを知った上でそれを容認していた。この肖像画は、そうした不自然な結婚の状況を表している。黄バラはリリーの不義を、白バラは夫の沈黙を象徴する。白いバラを持つ左手に嵌められた結婚指輪はほとんど目立たない。*8

2 古典古代の花の絵

紀元前四世紀、古代ギリシャの画家パウシアスは、グリケラという女性と恋に落ちて花の絵を描いた。グリケラは花環作りの名手で、花環を発明したのも彼女だと言われる。パウシアスはグリケラの花環に負けまいと、変化に富んだ花の姿を絵に表そうと工夫を重ね、遂に花環を冠って座るグリケラの姿を描くことに成功した。当時この作品は、もっとも美しい絵のひとつと評され、模写が作られたと言う。[*9]

パウシアスが花を描いてから二千年を経て、十七世紀フランドルの巨匠ルーベンスと花の画家ベールトが共作して、パウシアスとグリケラの逸話を描いた（図9）。ルーベンスが活躍した十七世紀のフランドルには、すでに花を専門に描く画家が現れており、ルーベンスはしばしば彼らと協力して作品を描いている。この絵で共作したベールトは初期の花専門の画家のひとりである。この作品に表されたバラを含む花と花環は、花環の発明者グリケラと切っても切れない関係があり、古代の画家の物語の重要なモティーフとなっている。そして、ベールトが花だけを描いた「花の静物画」（図10）とこの作品の花の部分（図9a）を比べて見ると、物語画のモティーフの一部が独立して、花の静物画が成立していった様子を窺うことができよう。[*10]

残念ながら、古代ギリシャでもっとも美しい絵と評判になったパウシアスの作品は、ずっと昔に失われてしまった。ローマ時代にプリニウスが著した『博物誌』が、その逸話を伝えるだけである。今日、古代ギリシャの絵画はほとんど見ることができないが、古代ローマ人は、ギリシャ人と同じように花の絵を愛したようだ。ローマ近郊のハドリアヌスの別荘から発見された籠に入った花々のモザイクは（図11）、まさに「花の静物画」であり、古代ギリシャの絵を模倣して作られたものと考えられて

図8：エドワード・ポインター
《ラングトリィ夫人》
1877年

9

図9：ペーテル・パウル・ルーベンスとオシアス・ベールト
《パウシアスとグリケラ》1615年頃
図9a：図9の部分
図10：オシアス・ベールト（と工房）
《蛇文の花瓶、籠、東洋の桶、ガラス花瓶に生けた花》17世紀

10

9a

いる。暗い背景に、巧みな陰影でバラと他の花々が表され、モザイクであることを別にすれば、十七世紀以降の「花の静物画」（図12）を彷彿とさせる作品である。

古代ローマ人にとって、緑溢れる豊かな自然を身近におくことは、豊かさと幸福の象徴であり、それは「喜ばしきところ《ロクス・アモエヌス》」と呼ばれた。ローマ時代の別荘は周囲を田園に囲まれていたが、その敷地の中にも庭を作って草木を植え、さらに壁には庭園の絵を描かせた。ポンペイから出土した壁画にも庭園画が残っており（図13）、そこには、バラの茎に添え木をしている様子が描かれているから、当時のローマ人たちが、庭にバラを植えて楽しんでいたことが分かる。[*11]

3 歴史物語の中のバラ

古代ギリシャ・ローマ時代、バラは美と愛の女神に捧げられ、尊ばれた。ローマ人たちは、結婚式や将軍の凱旋式の車や船、神々に捧げる生贄の動物たちをバラで飾り、葬儀にもバラを使った。[*12] バラを熱愛した歴史上の女性は幾人かいるが、ローマ時代のエジプトの女王クレオパトラも、そのひとりである。アントニウスのために催した宴会では、広間の床に五〇センチメートルの高さにまでバラを敷き詰めたという。[*13] 図14は、古代ローマの歴史や風俗を描いた十九世紀新古典主義の画家アルマ＝タデマの作品である。アントニウスを船で訪ねるクレオパトラが描かれている。天蓋にはたくさんのバラが吊り下げられ、まさに「多くの薫香の妙なる匂いが両岸を蔽った」ことであろう。[*14] ローマ皇帝ネロもバラを好んだことで有名だが、同じくローマ皇帝で、奇行で知られるヘリオガバルスは開閉式の天井から花を盛大に撒き散らし、宴会に招かれた客の中には、花に埋もれて窒息死する者がいたという逸話を残している。[*15] アルマ＝タデマは、この残酷な美しい場面をバラの花を使って描き出している[*16]（図15）。

世界史の中でのバラというと、中世後期にイギリスで起こった王位継承戦争「ばら戦争」が思い起こされる。一四五五年から三十年に及んだ内戦である。血生臭い戦争をバラの戦いと擬えたのは、十八世紀のデイヴィッド・ヒュームの『イングランド史』が最初であり、十九世紀初めのウォルター・スコットの小説（一八二八年）に「白と赤のばら戦争」という呼び名が現れる。[*17] スコットは、シェイクスピアの戯曲から着想を得たが、シェイクスピアは『ヘンリー六世・第一部』（二幕四場）で、対立するヨーク家（白バラの徽章、アルバ種のバラ）とランカスター家（赤バラの徽章、ガリカ種のバラ）が、テンプル・ホールの庭園で、それぞれ色の違うバラを摘んで口論するという架空の場面を創作した。図16は、これを絵画化した作品で、一九〇八年に画家ヘンリー・アーサー・ペインが、ウェストミンスター宮殿跡の下院の東回廊を飾る英国史の一場面として描いた壁画の雛型である。左で白バラを差し出すのがリチャード・プランタジネット（後のヨーク公）、右にランカスター家のサマセット公ジョン・ボウフォートがいる。二人は各自の党派のしるしとして白バラと赤バラを摘んで、今まさに論戦を始めんとしている。ばら戦争勃発の瞬間である。[*18]

両家の王位継承戦争は、ランカスター側のヘンリー・チューダが最終的に勝利し、ヨーク家のエリザベス・オブ・ヨークと結婚して両家を和解させ、ヘンリー七世としてチューダ朝を創始することに

11

12

図11：《バスケットの花》紀元2世紀
図12：ヨハネス・ボスハールト《バスケットの花》1627年
図13：《バラとツグミ》紀元1世紀後半
図14：ローレンス・アルマ=タデマ《アントニウスとクレオパトラの会見》1883年

13

14

図15：ローレンス・アルマ=タデマ《ヘリオガバルスのバラ》1888年

16

図16：ヘンリー・アーサー・ペイン《テンプル・ホールの庭園における紅白のバラ選び》1908年
図17：作者不詳《エリザベス・オブ・ヨーク》1500年頃
図18：A. W. N. ピュージン《ウェストミンスター宮用壁紙デザイン》1847年

17

18

19

21a

19a

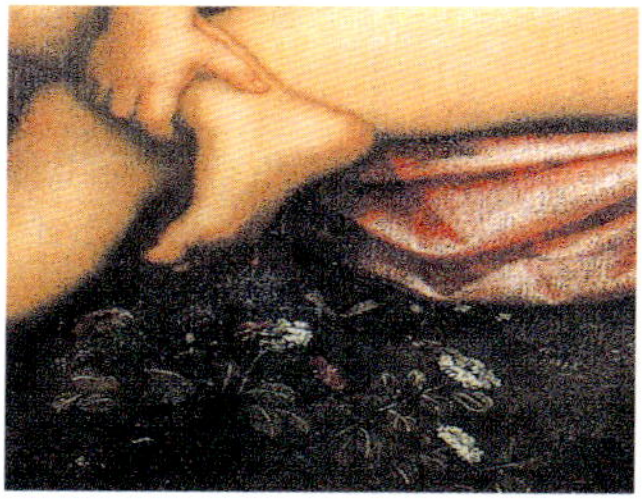

20a

20

21

図19：サンドロ・ボッティチェリ《ヴィーナスの誕生》1485年頃
図19 a：図19の部分
図20：セバスティアーノ・デル・ビオンボ《アドニスの死》1512-13年頃
図20 a：図20の部分
図21:アレッサンドロ・アローリ《ヴィーナスとクピド》1570年以降
図21 a：図21の部分

22

22a

図22：ティツィアーノ・ヴェチェリオ
《ウルビーノのヴィーナス》1538年
図22 a：図22の部分
図23：フォンテーヌブロー派
《化粧する貴婦人》1580年代
図23 a：図23の部分

23

23a

なった。エリザベス・オブ・ヨークの肖像を見ると（図17）、彼女はヨーク家の徽章である白バラを手に持って、その出自を表している。また首に掛けたネックレスは、ルビーと真珠を組み合わせた花の形で、これはヘンリー七世が用いた両家の連合の象徴としての新しいしるし、赤バラに囲まれた白バラ、チューダ・ローズを暗示する（図18）。今日でもエリザベス二世の紋章に用いられているバラである。

4 ヴィーナスのバラ

古代ギリシャ・ローマ神話では、バラはヴィーナスの聖木である。ヴィーナスはラテン語のウェヌスの英語読みで、そのウェヌス、すなわちヴィーナスは「魅力」という意味を持ち、もともとは菜園あるいは庭園を守る古代ローマの土着の女神であり、植物、特に春に咲く花と関係があった。他方、古代ギリシャには、愛と美と豊饒の女神であるアフロディーテがいた。アフロディーテは、セム族の豊饒・性愛・多産の神アスタルテ・イシュタルや、エジプトの豊饒の女神イシスなどの各地の地母神信仰に起源がある。古代ギリシャのアフロディーテがローマに入ると、ローマの女神ヴィーナスが類似した性格を持っていたことから、愛と美と豊饒の女神であるアフロディーテと、春を象徴するローマの土着の女神とが重なりあって、「ヴィーナス」という女神ができあがり、愛と美と豊饒を司る女神の総称となった。[*19]

ヴィーナス（アフロディーテ）の誕生にはふたつの伝説があるが、そのうちのひとつでは、去勢された天空神ウラノスの性器が海に投げ込まれ、そこで生じた泡からヴィーナスが生まれ出たとされる。この説ではヴィーナスは海から誕生したことになり、ボッティチェリの有名な《ヴィーナスの誕生》（図19）は、この様子を描き出している。[*20] このとき、ヴィーナスと一緒にバラが誕生したという伝説がある。ヴィーナスが海で生まれると同時に、地上には新しい潅木が現れ、神々が集まって若枝に神酒を注ぐと、その一滴一滴がバラの花になったという。[*21] ヴィーナス誕生の場面にバラの花を舞わせたボッティチェリは、この伝説を踏まえているのだろう（図19a）。

ヴィーナスとバラの結び付きは、このほかにも「アドニスの死」という神話物語に認められる。知らぬ間にクピド（あるいはアモル、ギリシャ語ではエロス）の矢で胸を傷つけたヴィーナスは、絶世の美少年アドニスと恋に落ちてしまう。狩猟好きのアドニスは、ヴィーナスの心配をよそに野獣を追い立てていたが、ついにイノシシに襲われて重傷を負った。瀕死のアドニスの呻き声を耳にしたヴィーナスは、白鳥が牽く車で天空を渡って駆けつけるが間に合わず、アドニスは息絶えてしまう。このとき、アドニスの血で染まった地面からアネモネが咲き出た、というオウィディウスの『変身物語』は有名である。[*22] しかし、この物語にはいくつかのヴァリアントがあって、最初のバラはアドニスの血から生まれ、同時にヴィーナスのこぼした涙から最初のアネモネが誕生したとする伝承や、その逆に、アドニスが赤いアネモネになり、ヴィーナスの涙からバラが咲き出たとするもの、また、セバスティアーノ・デル・ビオンボの作品（図20）にあるように、アドニスに駆け寄ろうとしたヴィーナスの足

25

25a

24a

図24：ペーテル・パウル・ルーベンス《三美神》1620-24年頃
図24 a：図24の部分
図25：エティエンヌ＝モーリス・ファルコネ《クピド》1757年
図25 a：図25の部分

にバラの棘が刺さり、その血が元々白かったバラの花を赤く染め（図20ａ）、赤いバラが誕生したというものもある。[*23] いずれの伝承も、赤いバラが愛の強さとその痛手から生まれたことを語っている。

このようにバラは、神話時代から愛と美の女神ヴィーナスと強く結び付いていたが、ルネサンス時代になって、古代に取材した美術作品が大々的に作られるようになると、バラはヴィーナスの持物《アトリビュート》のひとつとされるようになった[*24]（図21、21ａ）。一五三五年に出版されたレオーネ・エブリオというルネサンス時代の哲学者の『愛の対話』によれば、「花の中ではバラですが、その美しさと甘い香りから〔ヴィーナスに授けられるの〕です。バラが鋭い棘に取り囲まれているのと同じく、愛も情熱・痛み・鋭い苦痛に囲まれているからです。[*25]」とされる。《アドニスの死》（図20）に見られるように、バラの棘による痛みは、愛の痛手に擬えられた。図６の夫婦の肖像では、夫人が触れているバラに棘がなかったことが思い出されよう。

ティツィアーノは左手に濃いピンクのバラを持つ女性の絵を描いた（図22、22ａ）。一見するとヴェネツィアの高級娼婦を描いたようにも見えるこの作品が《ウルビーノのヴィーナス》と呼ばれるのは、まさにバラがヴィーナスの持物《アトリビュート》だからなのである。[*26] 図23は、フランス十六世紀末の宮廷美術として描かれた、フォンテーヌブロー派による《ある貴婦人の像》である。このような「化粧する貴婦人」あるいは「湯あみをする貴婦人」の絵は、この時期のフランスでたくさん描かれた。この作品は、モデルの名も、謎めいた絵の主題も判明しておらず、作者も不詳である。薄もののヴェールと宝石を身に付けた裸の貴婦人が、指輪を摘んでこちらに見せている。前景にはバラが置かれ（図23a）、背後の花瓶にもバラが生けてあり、女性の髪飾りには真珠が見える。真珠もヴィーナスの持物《アトリビュート》のひとつであることから、この女性はヴィーナスに擬えられているらしい。鏡に映る様子から「双子のヴィーナス」という新プラトン主義哲学に由来する主題が隠されている可能性も指摘でき、同時に赤い熾天使《セラピム》も見えていて、宗教的な暗示もある。[*27] 何とも不思議な作品である。いずれにせよ、ヴィーナスを仄めかすことは、貴婦人の裸を描くことの口実にもなっていたようだ。

ヴィーナスの持物《アトリビュート》であるバラは、同時にヴィーナスの供の者たちの持物《アトリビュート》にもなっていった。三美神は、幾人かの神々の従者とされるが、美術ではヴィーナスの召使として描れることが多い。古代ヘレニズム期の彫刻にならって、伝統的に三人の裸体の美神が輪をつくり「与えることと受け取ること」を体現した形で表される（図26の画面左）。生涯に何度も三美神を描いたルーベンスの作品のひとつでは、少し形式を変え、三美神は輪舞ではなく、バラの花が溢れる籠を掲げて登場している（図24、24a）。彼女たちの傍らにはピンクの花が咲いたバラの木があり、地面には何輪かの美しいバラの花が落ちている。ちなみに、このバラの花の部分は、ヤン・ブリューゲル（子）が描いたものである。[*28]

広く知られた伝承では、クピドはヴィーナスの息子とされている。[*29] 十八世紀フランスの彫刻家ファルコネの愛らしいクピド像の脇には、一輪のバラの花が見える（図25、25a）。クピドは唇に指を当てているが、このクピドには、エジプトの女神イシスの子ホルスの幼年期の姿であるハルポクラテスが重

26

27

ねられているのかもしれない。ハルポクラテスはギリシャ・ローマ世界に入ると、指をくわえる子供らしい姿が、沈黙を促す仕草と誤解され、沈黙の神となった。[*30] 伝承によれば、母ヴィーナスの浮気を秘密にしてもらうために、クピドが沈黙の神ハルポクラテスに渡した賄賂がバラであったと言う。この逸話から、スプ・ロザ（sub rosa バラの下で）という言葉に「秘密裏に」という意味が生まれた。[*31]

ボッティチェリの《ラ・プリマヴェーラ（春）》（図26）では、伝統的な解釈によると、中央にいるのがヴィーナスであり、画面向かって右に、春の西風であるゼフュロスに迫られ、その愛を受けたニンフのクロリスがフローラ（花の女神）へと変身する様子が描かれている。[*32] フローラはたくさんのバラの花を抱えて撒き散らす。バラは花の女神フローラの持物《アトリビュート》ともなり（図27）、春の到来と喜びを象徴をする。

5 聖母マリアのバラ

古代ギリシャ・ローマの神話世界で美と愛の女神に捧げられていたバラは、キリスト教が西欧世界を支配するようになると、キリスト教の女王である聖母マリアの象徴へと移っていった。マリアの持物《アトリビュート》では、聖母の清らかさを表す白いユリが有名だが、同時にヴィーナスの愛の象徴だったバラは、キリスト教では、完全なる愛すなわち慈愛、あるいは純潔を表し、聖母に帰属された（図28）。旧約聖書外典の

図26：サンドロ・ボッティチェリ《ラ・プリマヴェーラ（春）》1482年頃
図27：カルロ・チニャーニ《フローラ》17世紀後半-18世紀初め

28

30

29

図28：カルロ・ドルチ《聖母子》1642年
図29：ロレンツォ・ヴェネツィアーノ《聖母子》1372年
図30：作者不詳《聖母子》16世紀初め

31

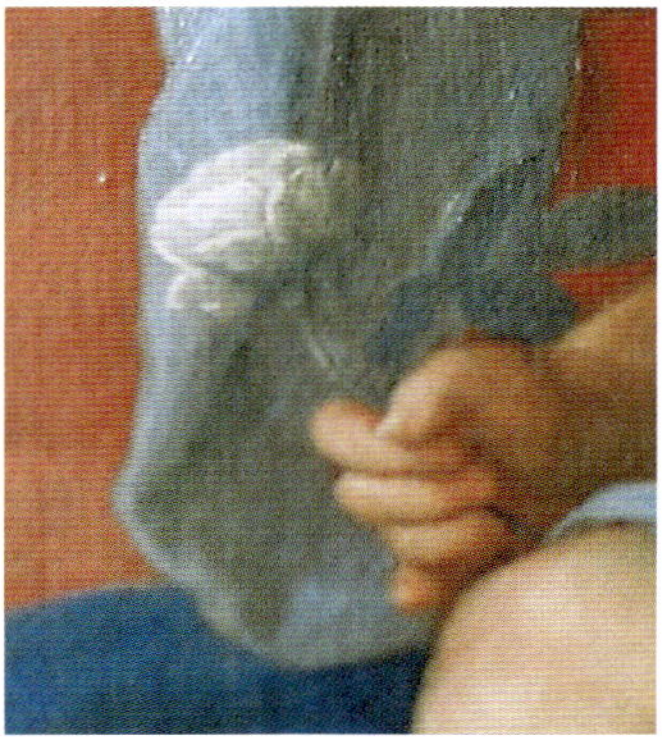

31 a

32 a

32

図31：マッシモ・スタンツィオーネ
《聖母子》1640-45年頃

図31a：図31の部分

図32：フランクフルトの画家
《風景の中の聖母子》
15世紀終り-16世紀初め

図32a：図32の部分

『ベン・シラの知恵』に出てくる「エリコのバラ」（二十四章十四節）「初物の季節のばらの花、泉のほとりのユリ、夏の日のレバノンの若草」（五十章八節）などは、聖母マリアのイメージとされた。[*33]

聖母子を描いた作品に「バラの聖母」という図像がある。聖母マリアがイエス・キリストを抱いた図で、聖母あるいは幼児キリストがバラを持っている（図29）。フランスの木彫彫刻にも、同様の例が見いだせる（図30）。聖母マリアのバラの典型は紅白のバラであり、白バラはマリアの純潔を意味し（図31、31a）、赤いバラは完全なる愛すなわち慈愛を表すが、それは同時に、殉教の象徴ともなる（図32、32a）。赤は犠牲の血の色である。殉教者の代表たる存在はキリストであり、赤い色はキリストの傷口、バラの棘はキリストの茨の冠と結び付く。キリスト教主題において赤バラは、キリストの贖罪、ひいてはキリスト自身も象徴した。

図33は十七世紀のスペインの画家スルバランによる《茨の冠を見つめるキリスト（ナザレトの家）》と題された作品である。新約聖書には該当する記述はないが、この場面は少年期のキリストと聖母マリアのいわば聖母子図と言ってよい。聖母マリアの脇に置かれた花瓶には、白いユリと紅白のバラが生けてある。白いユリと白バラは聖母の純潔を表し、赤いバラは聖母の愛と同時にキリストの殉教を暗示している。画面左にいる少年キリストは、棘のある植物のリースを弄ぶうちに、指に棘を刺してしまったらしい。その様子を母マリアは心配そうに見つめている。この描写は、見る者にキリストの茨の冠と、将来の磔刑を連想させる。母マリアは、指に棘を刺した息子を見て、一瞬にして、イエス

の将来に待ち受ける受難を予見し、母としての苦悩の表情を浮かべたのであろう。

バラには棘がつきもので、もし棘のないバラがもっと増えれば、バラの人気は今よりさらに高くなるかもしれない。ところで、聖アンブロシウスが伝えるところでは、アダムとエヴァが原罪を犯す前には、バラには棘がなかったと言う。[*34] そこから「棘のないバラ」は原罪を免れていることになり、聖母マリアに捧げられる純潔の象徴となった。フラ・アンジェリコの《受胎告知》(図34)には、背景にアダムとエヴァの楽園追放の場面が挿入されている。エデンの園から追い出されるアダムとエヴァの足元には三つのバラのような花が見える(図34a)。この花は、二人が犯してしまった原罪を表しているのかもしれない。そして棘のない無垢のバラは前景で受胎告知を受けている聖母マリアへと移行する。[*35] 聖母マリアは「棘のないバラ」とも呼ばれた。ヴィーナスが踏んだバラには棘があったが(図20)、聖母のバラには棘がないのだ。

中世末期からルネサンスにかけて、聖母子がバラの絡まった東屋《あずまや》や、バラの生け垣、垣根に囲まれた空間に描かれることがある。「バラ園の聖母」と呼ばれる図像である。こうした園のイメージは、旧約聖書の『雅歌』に詠われている「閉ざされた庭」(四章十二節)に由来し、聖母の処女性を表すとされる。[*36] 同時にバラの咲く庭園は、エデンの園の理想のイメージでもある。ロッホナーの作品(図35)では、バラの生け垣とユリが描かれ、スミレとイチゴが絨毯のように生え、全体で玉座を作り出す。白バラと赤バラが組み合わさり、バラは純潔と完全な愛、ユリは純潔、スミレは謙譲を表す。赤いバ

33

34a

34

35

図33：フランシスコ・デ・スルバラン《茨の冠を見つめるキリスト（ナザレトの家）》1630年頃
図34：フラ・アンジェリコ《受胎告知》1430-32年頃
図34a：図34の部分
図35：シュテファン・ロッホナー《バラの園亭の聖母子》1448年

ラとイチゴはキリストの受難の象徴ともなる。マリアに抱かれた幼児キリストは原罪を表すリンゴを天使から渡され、その贖罪を担う自らの運命を暗示する。ヤン・ファン・エイクの例（図36）では、救済を象徴すると同時に聖母の清らかさを表す泉――「封じられた泉」「園の泉は命の水を汲むところ」（旧約聖書『雅歌』四章十二、十五節）――と共に、バラの生け垣の前にたたずむ聖母子が描かれている。上部ライン地方の画家が描いた《パラダイスの小園》（図37）は、楽園としての庭園の理想のイメージに、『雅歌』で詠われた「閉ざされた庭」の典型的な描写が重ねられたものだ。庭の周囲を壁が取り囲み、咲き誇る種々の花の中には、赤と白のバラが見える。

聖母マリアの重要な持物《アトリビュート》となったバラは、[*37]ロザリウム《バラの冠》の図像にも結び付いた。ローマカトリック教会では、回数を数えながら行なう祈禱のためにロザリオを用いるが、ドミニコ会の初期の歴史家たちは、このロザリオを考案したのが聖ドミニクス（一一七〇～一二二一年）であると主張し、聖ドミニクスが、夢に現れた聖母マリアから「聖母のバラの冠」と呼ばれる数珠を贈られたとする。実際にはロザリオ信仰が広まったのは十五世紀末であり、美術にも「ロザリオの聖母」の図像が現れ「聖ドミニクスの夢」といった主題も描かれるようになった。[*38]図38のロットの作品は、聖ドミニクスが聖母マリアからロザリオを授かる場面である。背景のバラの垣根には、十五のメダイヨンが描かれ、その中にキリストの生涯と密接に結び付く聖母の生涯の重要な十五場面が描かれている。この出来事を瞑想しながらロザリオの祈りを唱えるのである。図39のパッギ《ロザリオの聖母》では幼児キリストが聖母マリアの頭上にバラの冠を捧げている。聖母子を囲むように天使たちが広げている帯の絵は、や

図36：ヤン・ファン・エイク《泉の聖母》1439年
図37：上部ライン地方の画家《パラダイスの小園》1410-20年

36

37

38

図38：ロレンツォ・ロット
《ロザリオの聖母》1539年

図39：ジョヴァンニ・バッティスタ・パッギ
《ロザリオの聖母》16世紀終り～17世紀初め

39

41

40

42

図40：ハンス・バルドゥング・グリーン
《ドロテアの殉教》1516年
図41：ルーカス・クラナハ（父）
《聖ドロテア、聖アグネス、聖クニグンデ》
「聖カテリナの殉教」三連祭壇画左パネル、1506年
図42：ジョヴァンニ・ディ・パオロ
《ハンガリーの聖エリザベト》1445年頃
図43：ギュスターヴ・モロー
《詩人と聖女（ハンガリーの聖エリザベト）》1868年

44

図44：ザカリアス・ゴンザレス・ベラスケス《聖カシルダの奇跡》1820年頃
図45：フランシスコ・デ・スルバラン《聖カシルダ／ポルトガルの聖イザベル》1640年頃
図46：クラウディオ・コエーリョ《リマの聖ロサ》1684-85年頃
図47：ベルナルド・ストロッツィ《パレルモの聖ロザリア》17世紀前半

46

45

47

48

49

50

図48：フランシスコ・デ・スルバラン《銀の皿にのる水のコップとバラの花》1630年頃
図49：フランシスコ・デ・スルバラン《マリアの教育》17世紀前半
図50：ディルク・デ・ブライ《聖母の象徴のある静物》1672年

はりロザリオの祈りの際の十五の場面からなる。

6 聖人たちのバラ

聖母マリアのほかにも、キリスト教にはバラを持物《アトリビュート》とする聖人たちがいる。聖ドロテアは、小アジア、カッパドキアの都市カエサレアの人で、三〇三年頃、キリスト教の信仰を捨てるように命令されるも拒んだため、ローマの長官ファブリキウスに死刑を宣告された。刑場に向かう途中で、テオフィロスという名の法律家が彼女を嘲って、天上の花婿（キリストのこと）の庭からバラとリンゴを送ってくれるよう頼んだところ、ドロテアが処刑された後、ひとりの幼児がテオフィロスのところに現れ、バラとリンゴの入った籠を届けたと言う。この出来事を契機にテオフィロスはキリスト教に改宗し、その信仰に殉じた。[*39] 図40のハンス・バルドゥング・グリーンの絵は、ドロテアの殉教場面を描いたもので、処刑されるドロテアのもとにバラの花環を手にした子供が現れている。クラナハ（父）による「聖カテリナの殉教」三連祭壇画の左パネルには、三人の聖女 ── 聖ドロテア、聖アグネス、聖クニグンデ──が描かれているが、バラの冠をつけた少年（天使）がバラを渡している女性が、聖ドロテアである（図41）。

ハンガリーの聖エリザベト（一二〇七〜三一年）の持物《アトリビュート》もバラである。エリザベトは、ハンガリーのアルパード王朝の王女で、十四歳でテューレンゲンの領主ルードヴィヒに嫁いだ。信仰深く、夫婦仲は睦まじかった。[*40] 伝説によれば、ある時貧しい人々に与えるパンを前掛けにくるんで運んでいると、道で夫と出会った。何を持っているのかと訝った夫が前掛けを開いてみたところ、中はバラの花で一杯だったという。結婚後わずか六年で夫と死別し、その後彼女はフランシスコ会第三会員となり、マールブルクの町で貧者、病人の世話に専心して、二十四歳の時に亡くなった。特にドイツで崇敬を集めている聖女である。十四世紀のイタリア絵画から、エリザベトの持物《アトリビュート》としてバラの花が登場し、バラが服に包まれているところが表された[*41]（図42）。ギュスターヴ・モローの作品では、吟遊詩人が「バラの奇跡」を目撃している（図43）。聖女の服から、バラの花がこぼれ落ちる。

パンがバラに変るという奇跡は、他の聖人の伝説にも見い出せる。[*42] 聖カシルダ（一〇五〇頃～八七年）は、ムーア人の王女で、父である王の反対を押し切り、イスラム教からキリスト教に改宗し、父王の捕虜の世話をしていた。パンを前掛けに隠してキリスト教徒の捕虜に差入れようとしたところを父親に見つかってしまうが、パンがバラに変って難を逃れた（図44）。よく似た伝説は、ポルトガル王妃聖イザベル（一二七一～一三三六年）に見られ（イザベルの場合、父ではなく夫に疑われた）、十七世紀のスルバランが描いた作品（図45）は、聖カシルダを描いたものとも、聖イザベルを描いたものとも言われる。[*43]

聖ロサ（一五八六～一六一七年）の名で知られるペルーのリマの聖女の持物《アトリビュート》もバラである。ドミニコ会の会員として修道生活を送り、シエナの聖カタリナを範として祈りと悔悛に人生を捧げた。新

52

53

図51：ダニール・セーヘルスと
シーモン・デ・フォス
《バラの花環の中の聖家族》
17世紀
図52：カラヴァッジョ
《果物籠》1596年頃
図53：ヤン・ブリューゲル（父）
《アイリスとユリのある花束》
1606年

を持つ聖ロザリアの髪にバラの花が飾られている。[*44]

病気の女性の前に出現して奇跡を起こし、以後パレルモの守護聖人となった。図47では、手に十字架

レグリーノ山の洞窟で隠者として暮らし、その場で亡くなった。一六二四年にペストが流行した時、

大陸で最初の聖人となった女性である（図46）。十二世紀のパレルモの聖ロザリアは、信心深く、ペッ

さて、以上見て来たように、バラは、キリスト教の文脈では、聖母マリアや他の聖人たちの持物《アトリビュート》として、また特に赤いバラは、愛を表すと同時に殉教の象徴として用いられてきた。では、バラの花だけが単独で描かれたとき、そこに宗教画で担っていた意味が残される場合があるのだろうか。スペインのスルバランの作品を見てみよう（図48）。銀の皿の上に、水の入ったコップとバラの花だけが描かれた、非常に静謐な印象を受ける静物画である。スルバランは、これと全く同じモティーフを《マリアの教育》という作品の中で、幼い少女のマリアの傍らに描いた（図49）。図48の静物画は、その習作だった可能性がないわけではない。だが、物語画の一部が独立して静物画が成立したと想定した上で、「マリアの教育」という「物語画」から人物が消え、静物の部分のみが残ったとするならば、このバラと水の入ったコップ――水が入っていることが一目で分かる角度から描かれている――には、依然として物語画の中で担っていた役割、すなわち、旧約聖書外典『ベン・シラの知恵』および旧約聖書『雅歌』で語られた聖母マリアのイメージ、「エリコのバラ」「初物の季節のばらの花」「封じられた泉」「いのちの水の汲む所」が重ね合わされていると考えることができないだろうか。この静物画そのものが聖母マリアの比喩《メタファー》となっているのである。[*45]

同様のことは、図50のブライの作品にも見ることができる。十七世紀に活動したブライは新教国オランダの画家だが、カトリック家庭の出身であった。この非常に精緻に描かれた静物画には、バラの花、ロザリオ、ローズマリー（この名前は聖母と結び付く）、ミサで用いる香炉、王冠が描かれ、すべてがカトリックの信仰、聖母マリアの持物《アトリビュート》となっている。もちろん、こうした意味の持続が、すべての静物画に当てはまるわけではないが、「花の静物画」が成立した十六世紀終りから十七世紀は、宗教改革――プロテスタントは聖画像を否定した――と対抗宗教改革――カトリック側は、聖画像から世俗的なものを排除する傾向にあった――による聖と俗の分離の過渡期であり、程度の差はあれ、花には象徴的・宗教的な意味がつきまとっていた。

7「花環の聖母子」

図51は、アントワープの画家セーヘルスとデ・フォスの共作による《バラの花環の中の聖家族》である。バラを綴り合わせた二つの花飾りが、花環のような形で吊下げられ、花環が囲む木彫のカルトゥーシュの中央に聖家族が描かれている。このバラの花環には、装飾という機能以上に、「バラの冠」としてのロザリオ信仰と聖母との結び付きがあり、明確な宗教的含意が認められる。こうした花環や花飾りに囲まれた形式「花環の聖母子」（中央に描かれるのは聖母子図とは限らないが、便宜的にこの呼称を用いる）は、十七世紀初めに生じたフランドルに特有の表現形式であり、ヤン・ブリューゲル

55

図54：ヤン・ブリューゲル（父）とヘンドリック・ファン・バーレン《花環の聖母子》1608年
図55：ペーテル・パウル・ルーベンスとヤン・ブリューゲル（父）《花環の聖母子》1617年
図56：ペーテル・パウル・ルーベンスとヤン・ブリューゲル（父）《視覚》1617年

54

56

（父）が始めたことが資料から判明している。

最初に述べたように、「花の静物画」が成立した背景のひとつには、珍品や美術コレクションの流行があった。美術作品がコレクションの対象となるということは、宗教画、特にイコン性の強い聖画であっても、その作品と宗教儀礼との結び付きを一応切り離し、いわゆる「絵画作品」として、美的特質によって評価できることが必要で、これができなければ、聖画はコレクション・アイテムとはならない。爾来、キリスト教の聖像というのは、信仰対象としての権威を持ち、「絵画作品」とは異なるものであった。それが、ルネサンスと宗教改革の時代に、その権威を喪失していくことになるわけだが、ひとつの見解によると、礼拝像と美術コレクションとの関係から誕生したのが「花環の聖母子」なのである。*46

ヤン・ブリューゲル（父）は、フランドルで活動した画家だが、若い頃にイタリアに滞在し、対抗宗教改革の主唱者であったミラノの大司教フェデリコ・ボッロメーオから作品の注文を受けていた。ボッロメーオは、熱烈な芸術愛好家として知られ、彼が絵画コレクションを展示していた部屋は、一六一八年にアンブロジアーナ絵画館となって今日に至っている。ボッロメーオの収集品には、カラヴァッジョが描いた現存する唯一の静物画《果物籠》（図52）や、ヤン・ブリューゲル（父）が希少な園芸種を集めて描いた花卉画《アイリスとユリのある花束》（図53）が含まれていた。

この花卉画の少し後に、ボッロメーオは、ヤン・ブリューゲル（父）に《花環の聖母子》（図54）を注文した。この作品を制作するにあたって、画家がボッロメーオあるいはその代理人に宛てて書いた手紙を見ると、「小さなタブローの周囲には、花々からなる部分を精根こめて描く所存でおります。猊下のご指示どおり、その中には小さな風景を伴った聖母子を置きましょう。」「このようなことは今までやったことがないと思います。」とあり、この花環形式を発案したのがボッロメーオであったことが分かる。[*47]

この作品（図54）は、銅板に描かれた花環の中央に、銀の板に描いた聖母子像を嵌め込んだ形になっている。作品は共作によるもので、ヤン・ブリューゲル（父）が花環の部分を、中央の聖母子はファン・バーレンが描いた。大きな絵に小さな絵を入れ子状態にする「嵌め込み画」と呼ばれる形式は、対抗宗教改革期のイタリアでよく制作されたもので、広く崇められていた中世の礼拝像（イコン像）を、大きな祭壇画の中央の開口部に嵌め込むことで成立する。こうした形式は、対抗宗教改革期に、古い礼拝像への崇敬を奨励すると同時に、礼拝像を教会が管理することで、民衆の画像崇拝の激化を防ぐという意味もあった。[*48]

ちょうど《花環の聖母子》が描かれた時期に、ルーベンスが、ローマのオラトリオ会の司教座聖堂の中央祭壇画を、「嵌め込み画」形式を用いて制作した。ルーベンスは、大きな祭壇画の上部に天使たちからなる輪を描き、輪の中央に、その地で崇敬されていた奇跡の聖母像を嵌め込んだ。この形式は《花環の聖母子》とよく似ており、ルーベンスの作品が、ヤン・ブリューゲル（父）の作品の発想源であったことは間違いない。[*49] だが、二つの作品が似ているのは形式だけで、その内実は大きく異なって

58

59

図57：作者不詳（フランドル派）《愛好家の陳列室》1620年頃
図58：ヒエロニムス・フランケンII世《愛好家の陳列室（ヤン・スネリンクの店）》1621年
図59：ハンス・ヨルダーンスIII世《愛好家の陳列室》17世紀

いた。というのも、記録によると、ヤン・ブリューゲル（父）は、《花環の聖母子》の代金として三百フィリポを受け取ったが、聖母子を描いた共作者のファン・バーレンにはそのうち十二フィリポしか渡していないからである。つまり本来ならば主役であるはずの聖母子図には、あまり価値が与えられていない。嵌め込まれたファン・バーレンの聖母子図は、並外れた絵画的価値もないし、教養上特別な意味があるものでもなかった。この絵は奇跡を起こさないのだ。

聖母子像を囲むために、いわば額縁のような形で花環が存在する。この花環が、非常に精細にリアルに描かれていることは重要な意味を持つ。花のひとつには虫がとまり、現実感を高めている。これらの花には、バラやユリが含まれ、聖母マリアと意味の上でも結び付き、象徴としての役割も果している。この作品は完成すると、ボッロメーオの収集品のひとつとして、絵画室に掛けられた。絵画室には、カラヴァッジョの《果物籠》（図52）やヤン・ブリューゲル（父）の《アイリスとユリのある花束》（図53）もあったはずである。その中で、この《花環の聖母子》（図54）は、決して聖画、つまり祈りの対象とは見られず、他の静物画と同じように、ひとつの「絵画作品」として鑑賞されたことであろう。ボッロメーオは、花の絵を好み、特に珍しい園芸種を集めた花束の絵は、手に入れるのが難しい実物の花の代用品とみなしていた節がある。花環が写実的に精緻に描かれていることは、愛好家の興味を惹きつけ、コレクションの対象とされるために必要なことだったのである。この花環は、聖なるイメージを、その聖性から切り離して、コレクション対象、すなわち一枚の絵画作品に変換し、収集家の陳列室に他の絵画と一緒に並べるための仕掛けであったと見ることができる。

この作品が端緒となり、その応用作品が沢山作られて、次第に花環の装飾的意図が強くなっていったが、少なくともその初期において花環は、聖画を「絵画作品」化する機能を担っていた。ルーヴル美術館所蔵の図55は、聖母子図を実際に花環に嵌め込んだものではなく、花環によって「嵌め込み画」に見せかけた作品である。花環の部分はやはりヤン・ブリューゲル（父）の手になるもので、聖母子は、今度はルーベンスが描いた。天使たちが聖母子に花の冠を乗せている。聖母への戴冠と、聖母のイメージへの戴冠が、聖母子図を取り囲む花環によって反復されている。そして、花環の部分には、小猿やオウムが描き込まれていて、さらに現実感を高めている。図56は、ヤン・ブリューゲル（父）とルーベンスの共作による《視覚》の寓意である。「視覚」という抽象的な観念を表すための寓意画だが、全体としては、想像上の収集家の陳列室と言ってよい。陳列室そのものがいわば「視覚」の擬人像（擬人像については一五三頁参照）の持物《アトリビュート》なのである。そして、この陳列室には、ルーヴルの《花環の聖母》と同じ要素をもつ「花環の聖母」が画面右の床に置かれているが、かなり大きな寸法の絵として描かれていて、陳列室の他の作品、例えば既に壁に掛けられている「物語画」に劣らないコレクション・アイテムであることが示されている。

フランドルでは、美術収集活動の流行と軌を一にして、「画廊画《ギャラリー》」と呼ばれる、美術愛好家たちの収集室を描いた作品がたくさん制作された。[*50] 十七世紀初期の「画廊画《ギャラリー》」に描かれた愛好家の陳列室には、ただでさえ、たくさんの絵があって、空間的に余裕がないにも拘らず、「花環の聖母」が描き込まれている例が多い。しかも、その場合、「花環の聖母」は壁に掛けられず、あたかも最近入荷したばかりの

60

60a

作品であるかのように、陳列室の手前の床に置かれているのも興味深い（図57〜59）。「絵画作品」化した礼拝像が徐々に美術コレクションの中にその存在の場を見出して行くことを示しているかのようである。

8 寓意のバラ

バラは、ヴィーナスや聖母マリアなどの持物《アトリビュート》となるばかりでなく、擬人像の持物《アトリビュート》にもなる。擬人像というのは、たとえば「自由」「平和」といった抽象的な観念を人間の姿を使って視覚化したイメージのことだ。ニューヨーク湾を見下ろして立つ《The Statue of Liberty》は、日本では《自由の女神》と呼び慣わされているが、原語を直訳すれば《自由の像》であって、女神ではなく、「自由」という抽象概念を視覚化した擬人像である。神話の神々も、例えはヴィーナスの姿が「愛」「美」「豊饒」を象徴するように抽象的意味を担うことがあるが、擬人像は神話のような物語の背景を持たない、いわば実体のない人間像を指す。

花を持物《アトリビュート》とする擬人像の典型は「五感」である。「五感」とは人間に備わる「視覚」「聴覚」「嗅覚」「味覚」「触覚」の五つの感覚であり、「五感」の図像は中世以来の長い伝統を持つ。たいていの場合、擬人像として女性が描かれ、その周りに各感覚を表す持物《アトリビュート》が配される。「嗅覚」の擬人像

図60：作者不詳《一角獣をつれた貴婦人「嗅覚」》15世紀末
図60 a：図60の部分

図61：ペーテル・パウル・ルーベンスとヤン・ブリューゲル（父）《嗅覚》1618年
図62：ヘラルト・デ・ライレッセ《五感》1668年
図63：ヘルマン・ファン・アルデウェーレルト《五感》1651年

62

63

の持物《アトリビュート》のひとつが花である。パリの国立中世美術館にある名高い《一角獣をつれた貴婦人》のタペストリーは、「五感」を表すとされる五枚のタペストリーと「わがただ一つの望みに」という銘の入った一枚からなる六枚組の作品である。それぞれ若い貴婦人(処女)が一角獣と共に花の咲き乱れる庭園にいる場面が描かれており、貴婦人の持つ小道具から、どの感覚の擬人像であるかが判明する。*51「嗅覚」のタペストリー(図60)では、貴婦人が花環を作り、その脇で猿が籠からバラの花を取り出して匂いを嗅いでいる(図60a)。

ルーベンスとヤン・ブリューゲル(父)の共作による「五感」の連作の内の《嗅覚》(図61)では、花の香りを嗅ぐ裸体女性の擬人像と、プットが描かれている。*52二人の傍らにいる犬とスカンク、また香水瓶は、すべて嗅覚を表すモティーフだが、擬人像の背後では潅木にバラが咲き、地面にもバラの花が撒き散らされ、周囲は美しい庭園の様子を示す。*53十七世紀オランダの画家ライレッセは、「五感」を表す五人の擬人像をひとつの画面の中に描き込んだ(図62)。「視覚」は鏡を指さし、「聴覚」はトライアングルを鳴らし、「味覚」は果物を持ち、「触覚」は鳥を手に乗せている。「嗅覚」が香りを嗅ぐ花はバラである。

ライレッセの擬人像は女性と子供からなり、設定も大分日常化しているが、ヘルマン・ファン・アルデヴェーレルトの《五感》(図63)の場合は、寓意画というよりも、あたかも当時の日常を描いた風俗画のようだ。しかし登場する五人の男女はそれぞれ、鏡を覗き、楽器を弾き、ワイングラスを持ち、鳥に手を啄まれ、花を手にしていることから、明らかに感覚の擬人像である。「嗅覚」はバラの花をエプロンに入れ、「味覚」にバラを渡している。酒場か娼家のように見える部屋は、官能に支配された悪しき現世の営みを具現化しており、感覚によって得られる快楽の空しさを暗示するという点で、「五感」の寓意は、後述する「ヴァニタス」に属するとも言える。

ロンドン・ナショナルギャラリーにあるカラヴァッジョの《トカゲに咬まれる少年》(図64)には、前景に非常に精緻に描かれたサクランボ、ガラス瓶、バラとジャスミンの花が見える(図64a)。この作品については、様々な解釈が提出されているが、そのうちのひとつは、これを「五感」の寓意とみなしている。バラとジャスミンの花が「嗅覚」、少年を咬むトカゲは「触覚」、サクランボが「味覚」、トカゲに驚いた少年の叫び声が「聴覚」、そしてガラス瓶に映る映像が「視覚」である。この絵では擬人像がなくなり、「聴覚」を除けば全て持物《アトリビュート》のモティーフだけで「五感」を寓意している。このカラヴァッジョの作品には更に、花瓶のバラの花(女性的な雰囲気の少年の耳にも白バラが飾られている)と指を咬むトカゲによって、少年のはかない愛の快楽と痛みという意味あいも含まれている。白いバラとガラス瓶は、はかなさと処女性の象徴でもある。[*54]

ちなみに、同じくロンドンにあるブロンズィーノの《愛のアレゴリー》(図65)では、主人公のヴィーナスとクピドの画面向かって右側に子供の姿が見える。彼は右足に棘が刺さっているにも拘らず、笑いながら、中央の母子にバラの花弁を投げつけようとしている(図65a)。前述のようにバラは中央にいるヴィーナスの持物《アトリビュート》だが、同時に、バラの花弁は根を持たないが故に「はかない快楽」を意味

64a

65a

64

65

66

67

図64：カラヴァッジョ
《トカゲに咬まれる少年》
1595-1600年頃
図64 a：図64の部分
図65：アーニョロ・ブロンズィーノ
《愛のアレゴリー》1544年頃
図65 a：図65の部分
図66：ヤン・ブリューゲル（父）と
ヘンドリック・ファン・バーレン
《大地女神ケレスと四大元素》
1604年
図67：ヤン・ファン・ケッセル
《四大》17世紀

する。この子供は、愚行ないし、はかない快楽を表す擬人像とされる。

「五感」のほかに、花が持物《アトリビュート》となる典型的な擬人像として、「四大《しだい》」の「大地」と「四季」の「春」を挙げることができよう。「四大」とは宇宙を構成するとされる四つの元素（大地、水、火、空気）であり、その内の「大地」の持物《アトリビュート》のひとつが花である。ヤン・ブリューゲル（父）とファン・バーレンによる《大地女神ケレスと四大元素》（図66）では、中央に豊饒の角を持ったケレスがいて、他の四人の女性が「四大」を表している。背中を見せて地面に座り、ケレスに葡萄を渡している女性が「大地」の擬人像である。果物──「大地」のもうひとつの持物《アトリビュート》──が地面に散らばり、画面右にはピンクのバラが咲いている。[*55] 画面から擬人像がなくなり、静物画となった「四大」が図67のファン・ケッセルの作品である。蠟燭が「火」、魚が「水」、鳥が「空気」そして花と果物が「大地」を表す。「大地」の花の中に白いアルバ種のバラとピンクのプロヴァンス・ローズが見える。[*56]

奇想で知られるアルチンボルドの《春》（図68）は、花を集めて作った「春」の擬人像であり、頬の部分がバラでできている。カラヴァッジョ派のマンフレディが描いた作品は《四季の寓意》（図69）とされる。四人の人物がそれぞれ四つの季節を表す。髪を下ろしバラの冠をつけた若い女性が「春」（図69a）、葡萄の葉の冠を被り「春」にキスをしているのが「秋」、「夏」は小麦──夏の持物《アトリビュート》──の穂を髪につけ、拡大鏡を手に持つ。「冬」は毛皮の帽子を被り、寒そうに震える老人である。前景のテーブルには様々な季節の果物が置かれている。バラ（嗅覚）、リュート（聴覚）、果物（味覚）、拡大鏡

図68：ジュゼッペ・アルチンボルド《春》1573年
図69：バルトロメオ・マンフレディ《四季の寓意》1610年頃
図69 a：図69の部分

68

69

69a

（視覚）そして、「春」と「秋」がキスをしている様子（触覚）は、明らかに「五感」の寓意でもある。

擬人像の持物《アトリビュート》としての花を見て来たが、花は「ヴァニタス」とも深く関わる。「ヴァニタス」とは、命のはかなさ、この世の空しさを意味する言葉である。宗教的、道徳的な教訓を含み、メメント・モリ（死を忘れるな）とも関連し、この世の快楽や富に執着して、惑わされてはいけないという教訓を表す。聖書にも様々な箇所に「ヴァニタス」の教えが現れる。[*57]「ヴァニタス」が視覚化される場合は、擬人像ではなく、死を想起させる物、典型的には髑髏によって示される。画面の中に髑髏があれば、大抵そこには「ヴァニタス」の教訓が込められていると言ってよい。その他にも、すぐに壊れるシャボン玉や、すぐに消え去る煙草のけむり、時の流れを表す砂時計や懐中時計、この世の富を表す宝石や金貨なども「ヴァニタス」を象徴するモティーフである。花もやや遅れてヴァニタス・モティーフに仲間入りした。聖書には花のはかなさを記した箇所がある。「肉なる者は皆、草に等しい。永らえても、すべては野の花のようなもの。草は枯れ、花はしぼむ。主の風が吹きつけたのだ。この民は草に等しい。草は枯れ、花はしぼむが、わたしたちの神の言葉はとこしえに立つ。」（旧約聖書『イザヤ書』四十章六〜七節）「人の生涯は草のよう。野の花のように咲く。風がその上に吹けば、消えうせ、生えていた所を知る者もなくなる。」（同『詩篇』百三章十五〜十六節）そして、「ヴァニタス」を表すこれらの象徴物が、組み合わされて描かれると、その意味は一層明確になる。[*58]

例えば図70は、中央に髑髏があり、一緒に真珠、金貨、珍しい貝殻、書籍——この世の富と知識の空しさを表す——が描かれている。さらに二輪のバラを含む花が花瓶に生けられ、花びらが二ひら下に散っている。これまで見て来たように、花には様々な象徴的な意味があるが、ここでは、髑髏が作品全体の意味を牽引し、花には「ヴァニタス」の意味が付加されるのである。[*59] 図71のマレルの作品では、壁龕《へきがん》の上部に見えるシャボン玉を吹くプットと、髑髏を脇に従えて砂時計を持つプットの彫像が、さらに「ヴァニタス」の意味を補強している。バラやその他の花々は、ここでも「ヴァニタス」の意味を担わされていることは間違いない。それは、花びらが落ちて萎れる左端のバラを見れば明らかであろう。同時にこの作品には五感の寓意も読み解くことができる。鏡のように部屋の中を映すガラスの花瓶は「視覚」[*60]、バラをはじめとする花は「嗅覚」、レモンや煙草、チーズを食べているネズミは「味覚」、楽器と楽譜は「聴覚」、コインは触るものであることから「触覚」を表す。五感というのは、現世の感覚的な愉しみと結び付き、前述のカラヴァッジョのトカゲに咬まれる妖しい少年の絵（図64）と同様、五感と「ヴァニタス」とが関連している。カラヴァッジョの絵の中の、壊れやすいガラスの花瓶とすぐ萎れる花は、「ヴァニタス」のモティーフでもある。トカゲは死の象徴ともなり、マレルのヴァニタス画のレモンの脇（図71）にも登場しているのが見えるだろう。[*61]

図72のファン・ケッセルの作品では、中央のシャボン玉を吹く少年——「ホモ・ブラ（人間は泡抹なり）」——の周りに「四大」のモティーフが配されている。[*62] バラを含む花と果物が「大地」、魚が「水」、鉄製品が「火」、鳥が「空気」を表す。「四大」もまた、はかない現世の事象として「ヴァニタス」の教訓と結び付くのである。

71

70

72

図70：アードリアーン・
ファン・ニーウラント
《ヴァニタス》1637年
図71：ヤーコプ・マレル
《ヴァニタス》1637年
図72：ヤン・ファン・ケッセル
《四大とホモ・ブラ》17世紀

73

74

図73：ウィレム・ファン・アールスト《花瓶の花》1663年
図74：ポール・セザンヌ《青い花瓶》1883-87年

★おわりに

絵画に描かれたバラは、もともと「物語画」の中で、絵を見る者に物語を伝える大切な小道具として働いていた。ヴィーナスやその供回りの女神たち、聖母マリアと聖人たち、そして擬人像の持物《アトリビュート》として、様々な寓意的・象徴的意味を担っていた。そのうちに「物語画」から次第に人物がいなくなり、バラと他の静物モティーフだけを残した作品が現れるようになった。その時、それまでバラが担っていた意味――「美」「愛」「快楽」「純潔」「慈愛」「死」「殉教」「嗅覚」「大地」「春」など――を、静物画のバラがどこまで保ち続けているのか、あるいは、ヴァニタス・モティーフとして我々に教訓を発し続けているのかどうか、それは、容易には答えを出せない問いであって、作者の傾向や個々の作品の制作背景を綿密に調べた上で、作品ごとに判断していかざるを得ない。*63 注文状況がはっきり分かる資料が残っていたり、特定の文脈や、他のモティーフとの組み合わせから、かなり明瞭に教訓的・宗教的・象徴的意味が読み取れる場合もあるし（例えば図70、71）、暗示にとどまっていて、絵を見る者に解釈を委ねているかのように見える場合もあれば（図73の花卉画には懐中時計が描かれている）、装飾性が勝っている作品もある（図3）。あるいは、画家は、純粋に画面の色調や構図といった造形上の要請から、バラを画面に置いたのだとしても、そこに何らかの意味を読み取りたくなるような作品と出会うかもしれない。近代以降になると、花の種類を描き分けることよりも、色彩や画面構成、絵画の表面の効果に重心を移した絵画作品が多く描かれるようになるが（図74、75）、他方、個人的なものを含めた新たな意味づけに、バラが用いられるようにもなった（図76）。また肖像画の例で見たように、持物《アトリビュート》としてのバラが、持ち主を変えて、全体の意味を増幅する役割を果たす場合もあった（図4、6〜8）。

この小論でその一部を見て来たように、古来、バラは本来的に多義的であり、その多義性も、宗教上のレヴェル、伝説のレヴェル、文学上のレヴェル、学問上のレヴェル、博物学的なレヴェル、日常のレヴェルなど様々であり得る。視覚的な表象《イメージ》である美術作品も、どんなに一義性を追求しても必ず余剰が生まれてしまうという多義性を運命づけられている。美術作品を鑑賞する体験とは、作者である美術家の意図や生きた時代、その技術と知識、作品の造形上の要素、注文主がいるとすればその意図と欲望を含めた制作の背景が一方にあり、他方に鑑賞者側がもつ知識と背景、作品を見る状況や期待などがあり、そのあらゆる要素が複雑に作用しあって生じる世界を体験することである。作品が制作された時代に、できる限り立ち戻り、絵の意味と機能を復元しようとする歴史的な見方もあれば、現在に留まり、自由に体験する見方もあり得るだろう。いずれにせよ、西洋美術の中でバラに出会った時、純粋に造形的な表現のあり方を楽しみつつも、様々に想像をふくらませ、「深読み」してみるのは、もしかしたら当を得た見方なのかもしれない。バラは、美術家が追求してやまない「美」――それが何を指すのであれ――の象徴でもあるのだから。

75

76

★註

＊1　C. Fisher, *Flowers and Fruit*, London National Gallery, London, 1998, pp. 67-69.

＊2　十六世紀後半に出版された本草書には、花の挿図が多数掲載されており、「花の静物画」成立に対する影響が指摘される。サム・セガール、展覧会カタログ『花の系譜―オランダ絵画の四〇〇年』ハインク・インターナショナル・B・V、一九九〇年、一二五～一三六頁。

＊3　「花の静物画」が登場する前史としては、物語画の中に現れる花の描写のほか、詩篇、時禱書などの写本の余白部分に描かれる細密画や、タペストリーの周縁に表される多種多様な花の描写、版画による装飾図版なども考慮に入れる必要がある。

＊4　展覧会カタログ『ウィーン美術史美術館蔵 静物画の秘密展』東京新聞、二〇〇八年、一九八～一九九頁。

＊5　堤委子、矢野陽子編『朝日美術館 西洋絵画の中の花』朝日新聞社、一九九七年、№55。

＊6　木村三郎『名画を読み解くアトリビュート』淡交社、二〇〇二年、五十三頁。

＊7　P. Taylor, *Dutch Flower Painting 1600-1720*, New Haven, London, 1995, p. 58.

＊8　A. Moore & C. Garibaldi (ed.), *Flower Power: The meaning of Flowers in Art*, Lodon, 2003, p. 69.

＊9　プリニウス『博物誌』三、中野定雄ほか訳、雄山閣出版、二〇〇一年、一四三三頁。

＊10　展覧会カタログ『光と闇―華麗なるバロック絵画展』東京新聞、一九九七年、№37。この作品が、「花の画家」に対する「物語画家」ルーベンスのオマージュであったことについては、中村俊春「ルーベンスと花の静物画《パウシアスとグリュケラ》をめぐって」同書、三十一～三十八頁。画中のパウシアスが持つ画板には、何も描かれていない。十七世紀の絵の鑑賞者にとっては、画中にふんだんに描かれたベールトの花こそが、古代のパウシアスの見事な花の絵を具現しているのである。

図75：パウル・クレー《バラの庭》1920年
図76：ルネ・マグリット《闘技士たちの墓》1960年

＊11 小林頼子『花のギャラリー――描かれた花の意味』（改訂新版）八坂書房、二〇〇三年、二十～二十一頁。古代ローマ時代の庭園画については、『世界美術大全集 五 古代地中海とローマ』、小学館、一九九七年。特に四一九頁。

＊12 古代ローマでは一世紀以降、死者への供養としてバラの花を捧げる「ロザリアの祭」が五月十一日から七月十五日にかけて各地で催された。ハンス・ビーダーマン『図説 世界シンボル事典』藤代幸一監訳、八坂書房、二〇〇〇年、三三七頁。

＊13 アテナイオス『食卓の賢人たち』柳沼重剛編訳、岩波文庫、一九九二年、一一九頁。

＊14 プルタルコス『プルターク英雄伝』十一、河野与一訳、岩波文庫、一九五六年、九十九頁。R. J. Barrow, *Lawrence Alma-Tadema*, London, 2001, p. 114-116, pl. 109.

＊15 「開閉式の屋根をもった食堂で寄食者たちをスミレやそのほかの花々で埋もれさせたので、幾人かの者は、上まで這い出すことができずに絶命した。」アエリウス・ランプリディウス「アントニヌス・ヘリオガバルスの生涯」井上文則訳『ローマ皇帝群像』二、京都大学学術出版会、二〇〇六年、三一九～三二〇頁。

＊16 Barrow 2001, *op. cit.*, p. 134, pl. 131.

＊17 青山吉信編『イギリス史』一、山川出版社、一九九一年、四四七頁、註十二。D. Hume, *The History of England*, IV, Basil, 1789, p. 201. W. Scott, *Anne of Geierstein*, Edinburgh, 2000, p. 66.

＊18 展覧会カタログ『西洋絵画の中のシェイクスピア展』東京新聞、一九九二年、№90、一五九頁。『シェイクスピア全集』一、小田島雄志訳、白水社、一九八五年、三十一～三十四頁。

＊19 木村重信『ヴィーナス以前』中公新書、一九八二年。

＊20 ヘシオドス『神統記』廣川洋一訳、岩波文庫、一九八四年、二十八～三十頁。なお、ホメロス『イリアス』では、ヴィーナス（アフロディーテ）は、ゼウス（ユピテル）とディオネから生まれたとされる。ホメロス『イリアス』（上）松平千秋訳、岩波文庫、一九九二年、一五五～一五六頁。

＊21 C. Joret, *La rose dans l'antiquité et au moyen âge*, Paris, 1892, pp. 45-46.

＊22　オウィディウス『変身物語』（下）、中村善也訳、岩波文庫、一九八四年、九十二〜一〇八頁。

＊23　Joret 1892, *op. cit.*, pp. 46-48. 高津春繁『ギリシア・ローマ神話辞典』岩波書店、一九六〇年、二十一頁。クピドが神酒をこぼし、それまで白かったバラを赤く染めたという伝承もある。Joret 1892, *op. cit.*, p. 48.

＊24　持物《アトリビュート》とは、宗教的、神話的、あるいは歴史的人物と結び付く事物で、その人物を同定する手掛かりとして慣習的に添えられるもの。木村三郎二〇〇二年、前掲書、特に第一章参照。

＊25　レオーネ・エブレオ『愛の対話』本田誠二訳、平凡社、一九九三年、一五二頁。引用中、〔　〕内は筆者補足。

＊26　展覧会カタログ『ウルビーノのヴィーナス―古代からルネサンス、美の女神の系譜』読売新聞社、二〇〇八年、一一二〜一一七頁。

＊27　『世界美術大全集　十五　マニエリスム』小学館、一九九六年、三九〇頁。「双子のヴィーナス」はプラトン『饗宴』に由来する聖愛と俗愛の二人のヴィーナスで、フィレンツェの新プラトン主義者によれば、やがて結合して至高の美徳となる。こうした哲学的思想は、十六世紀後半のフランスにおいて世俗化され、宮廷風俗化されて受け継がれていた。「双子のヴィーナス」については、若桑みどり『絵画を読む―イコノロジー入門』ＮＨＫブックス、一九九三年、四十九〜五十三頁に簡潔な解説がある。

＊28　展覧会カタログ『ウィーン美術大学絵画館所蔵　ルーベンスとその時代展』毎日新聞社、二〇〇〇年、一二三〜一二五頁。

＊29　ハルポクラテスのポーズを沈黙の勧めと取ったギリシャ・ローマの著述家としては、プルタルコス『エジプト神イシスとオシリスの伝説について』柳沼重剛訳、岩波文庫、一九九六年、一一九頁、オウィディウス、前掲書、五十二頁。オウィディウスでは、「口を押えた指で沈黙を促しているハルポクラテスも……」となっている。

＊30　クピド（英語読みがキューピッド）はラテン語で、「欲望」という意味を持つ。ギリシャ神話ではエロスであり、エロスをラテン語訳にしたアモルを用いる場合もある。ヴィーナスの息子とされることについては、例えば、パウサニアス『ギリシャ記』飯尾都人編訳、龍渓書舎、一九九一年、六三〇〜六三

一頁を参照。ヘシオドス『神統記』によると、エロス（クピド）は最も初期の神々の一人であり、カオス（混沌）の息子として、他の神々に先んじて生まれた。その後、ヴィーナスの誕生に立ち会い、彼女の供の者となった。ヘシオドス、前掲書、二十一〜三十一頁。この記述によれば、クピドは、ヴィーナスより先に生まれたことになるが、西洋美術では、もうひとつの伝承、すなわちヴィーナスの息子とする説を取る場合が多い。

*31 アリス・M・コーツ『花の西洋史事典』白幡洋三郎、白幡節子訳、八坂書房、二〇〇八年、三三二〜三三三頁。その他、紀元前四七七年、ギリシャを制しようと出兵してきたペルシャ王クセルクセス一世に対抗するために、アテナイ人とスパルタ人が謀議を重ねた場所が、アテネ神殿近くのバラの木の下だったという説がある。チャールズ・M・スキナー『花の神話と伝説』垂水雄二、福屋正修訳、八坂書房、一九八五年、二七二頁。

*32 ボッティチェリ《ラ・プリマヴェーラ（春）》についてこれまで提出された様々な解釈については、ジョイア・モーリ『ウフィツィ美術館―フィレンツェの名画一〇〇＋一』石鍋真澄監訳、日本経済新聞社、二〇〇一年、九〜十六頁を参照。

*33 日本聖書学研究所編『聖書外典偽典二 旧約外典二』教文館、一九七七年、一三八、二〇二頁。旧約聖書は新約聖書の「予型」（予告）であるという考えから、旧約聖書の言葉の中に、本来新約聖書の登場人物である聖母マリアのイメージが求められた。旧約聖書『雅歌』で詠われる花嫁は聖母マリアと同一視された。ただし、『雅歌』で「シャロンのバラ」（二章一節）と訳される花は、実際にはフサザキスイセン、クロッカスあるいはセイヨウハマユウではないかと言われている。旧約新約聖書大事典編集委員会編集『旧約新約聖書大事典』教文館、一九八九年、九四五〜九四六頁。

*34 Joret 1892, *op. cit.*, p. 232. ジェイムズ・ホール『西洋美術解読事典』高階秀爾監修、河出書房新社、一九八八年、二六二頁。

*35 若桑みどり『薔薇のイコノロジー』（新版）青土社、二〇〇三年、七十頁。神学者たちは聖母マリアを「第二のエヴァ」と呼んだ。第一のエヴァが人類を堕落させ、第二のエヴァが人類を救済したのであ

る。同『象徴としての女性像』筑摩書房、二〇〇〇年、一八八〜一九五頁。

*36 「わたしの妹、花嫁は、閉ざされた園。閉ざされた園、封じられた泉。ほとりには見事な実を結ぶざくろの森 ナルドやコフェルの花房 ナルドやサフラン、菖蒲やシナモン 乳香の木、ミルラやアロエ さまざまな、すばらしい香草。園の泉は命の水を汲むところ レバノンの山から流れて来る水を。」旧約聖書『雅歌』四章十二〜十五節、新共同訳。「バラ園の聖母」の図像については、L. Réau, *Iconographie de l'art chrétien*, 3vols, Paris, 1955-59, II, pp. 100-102.

*37 死後三日目に聖母マリアの魂と肉体が天へ召されたことを表す「聖母被昇天」の図像では、地上の空っぽになったマリアの墓がバラで満たされている場合がある。例えば、ルーベンスは二人の女性にバラを集めさせているが、一説ではこの二人はマルタとマグダラのマリアである。ルーベンス《聖母被昇天》一六一一〜一四年頃、ウィーン美術史美術館。Réau 1955-59, *Ibid.*, II, pp. 616-618. ホール 一九八八年、前掲書、一八六頁。

*38 Réau 1955-59, *op. cit.*, II, pp. 120-122.

*39 Réau 1955-59, *Ibid.*, III, pp. 403-405. 新カトリック大事典編纂委員会編『新カトリック大事典』三、研究社、二〇〇二年、一三九〇頁。

*40 ヤコブス・デ・ヴォラギネ『黄金伝説』四、前田敬作、山中知子訳、平凡社、二〇〇六年、二六四〜三〇一頁。

*41 Réau 1955-59, *op. cit.*, III, pp. 417-421. 『新カトリック大事典』一、前掲書、一九九六年、八四五〜八四六頁。

*42 ここで挙げた聖人のほか、アルカラの聖ディエゴにも同じ奇跡が伝わる。絵画作例としては、フランシスコ・デ・スルバラン《アルカラの聖ディエゴ》（一六四〇年頃、マドリード、ラサロ・ガルディアーノ美術館）など。

*43 聖カシルダについては、Réau 1955-59, *op. cit.*, III, p. 259. 『新カトリック大事典』一、前掲書、一〇七三頁。ポルトガルの聖イザベルについては、Réau 1955-59, *op. cit.*, III, p. 421. 『新カトリック大事典』

一、前掲書、四二一頁。ハンガリーの聖エリザベトは大伯母にあたる。

*44 展覧会カタログ『プラド美術館展』読売新聞社、二〇〇六年、一一四〜一一五頁。A. Tapié, *Le sens caché des fleurs*, Paris, 1997, p. 73. Réau 1955-59, *op. cit.*, III, pp. 1170-1172.

*45 エリカ・ラングミュア『静物画』高橋裕子訳、八坂書房、二〇〇四年、一〇〇〜一〇四頁。ハンス・メムリンクの《花瓶の花》(一四九〇年頃、マドリード、ティッセン=ボルネミッサ・コレクション)に例を見るように、従来聖母の傍らに描き込まれていた花が、北方の二連祭壇画、あるいは多翼祭壇画という多面形式の中で、花だけが独立した面に描かれるという過渡期的な現象が生じている。なお、スルバランの《オレンジの籠のある静物》(一六三三年、パサディナ、ノートン・サイモン美術館)という静物画にも、オレンジの入った果物籠、レモンが乗った銀の皿と共に、図48とほぼ同じ銀の皿、コップ、バラのモティーフが描かれている。質感のすばらしい描写と共に、象徴性を強く感じる作品である。

*46 この節の見解は、ヴィクトル・I・ストイキツァ『絵画の自意識』岡田温司、松原知生訳、ありな書房、二〇〇一年、第四章に基づいている。

*47 ストイキツァ二〇〇一年、前掲書、一一七〜一三〇頁。

*48 松原知生「タブローの中のイメージ」『西洋美術研究』3、三元社、二〇〇三年、一一一〜一一五頁。

*49 中村俊春「十七世紀フランドル絵画―《花環の聖母子》とその受容に関する考察」、池上、神林、潮江編『芸術学フォーラム 三 西洋美術』勁草書房、一九九二年、二〇八〜二三〇頁。聖母子を花環で囲むという意匠は、古代にまで遡る装飾画の伝統があり、またルカおよびアンドレア・デラ・ロッビアによるテラコッタ製の作品もある。ボッロメーオもヤン・ブリューゲル(父)もこうした作品を知っていた可能性がある。同書、二一六頁。その他、「花環の聖母子」図像の装飾性と宗教性については、D. Freedberg, "The Origins and Rise of the Flemish Madonnas in Flower Garlands, Decoration and Devotion," *Münchner Jahrbuch der bildenden Kunst*, 32, 1981, pp. 115-150.

*50 「画廊画《ギャラリー》」については、S. Speth-Holterhoff, *Les peintres flamands de cabinets d'amateurs au XVII siècle*, Bruxelles, 1957; Z. Z. Filipczak, *Picturing Art in Antwerp: 1550-1700*, Princeton, New Jersey, 1987.

＊51　例えば「聴覚」はオルガンを弾き、「視覚」は手鏡を持つ。

＊52　プットとは、古代ヘレニズム・ローマ美術に出現した幼児型のクピドを起源に持つ、童子（子供）のモティーフである。

＊53　セガール一九九〇年、前掲書、十七頁。小林頼子二〇〇三年、前掲書、六十二〜六十三頁。

＊54　Moore & Garibaldi (ed.), 2003, *op. cit.*, pp. 38-39. ラングミュア二〇〇四年、前掲書、六十五〜七十一頁。

＊55　『静物画の秘密展』二〇〇八年、前掲書、一四二〜一四三頁。

＊56　Tapié 1997, *op. cit.*, p. 42.

＊57　「コヘレトは言う。なんという空しさ、なんという空しさ、すべては空しい。」（旧約聖書『コヘレトの言葉』一章二節）。「わたしは太陽の下に起こることをすべて見極めたが、見よ、どれもみな空しく、風を追うようなことであった。」（同一章十四節）。

＊58　イタリアの学者チェーザレ・リーパによる『イコノロギア』は、十六世紀末に出版され、その後版を重ねた擬人像に関する著作である。その中で「短い生」の擬人像の持物《アトリビュート》のひとつがバラの枝であり、死すべき人間のはかなさをバラにたとえている。C. Ripa, *Iconologie*, J. Baudoin (ed.), Paris, 1644, pp. 199-201.

＊59　二輪のバラ、カーネーション、オダマキ、アイリスが描かれ、伝統的な「メメント・モリ」の意味を強めている。アイリスは信仰と純潔、カーネーションとオダマキはキリストの受難と結び付く。バラは宗教的な意味と共に、この世の快楽や死も意味する。また、ハエとガは、短い命ゆえに「ヴァニタス」を表すが、同時にこれらは、復活を暗示する。画中の銘文には「短くない喜びなどあろうか」「生きるために死ぬ」とある。Moore & Garibaldi (ed.) 2003, *op. cit.*, p. 70. 小林頼子二〇〇三年、前掲書、七十二〜七十三頁。

＊60　このガラスの花瓶には、画家自身の姿が映り込んでいる。絵を描く行為にも「ヴァニタス」が及んでいる。セガール一九九〇年、前掲書、二十頁。小林頼子二〇〇三年、前掲書、七十四〜七十五頁。

＊61 Guy de Tervarent, *Attributs et symboles dans l'art profane: Dictionnaire d'un langage perdu (1450-1600)*, Genève, 1997, p. 280. またトカゲは、復活の象徴ともなる。ジャン＝ポール・クレベール『動物シンボル事典』竹中信夫ほか訳、大修館書店、一八八九年、二三三頁。

＊62 絵画に描かれたシャボン玉については、森洋子『シャボン玉の図像学』未来社、一九九九年。

＊63 静物画の解釈とその限界については、エディ・デ・ヨング「静物画の解釈 ― その可能性と限界」小林頼子監訳『オランダ絵画のイコノロジー ― テーマとモチーフを読み解く』所収、ＮＨＫ出版、二〇〇五年、一三〇～一五〇頁。

★読書案内

[西洋絵画の中の花について]

小林頼子『花のギャラリー ── 描かれた花の意味』(改訂版) 八坂書房、2003年
堤委子、矢野陽子編『朝日美術館 西洋絵画の中の花』朝日新聞社、1997年
中村俊春「17世紀フランドル絵画 ──《花環の聖母子》とその受容に関する考察 ── 」、池上忠治、神林恒道、潮江宏三編『芸術学フォーラム 3 西洋美術』所収、勁草書房、1992年
エディ・デ・ヨング「静物画の解釈 ──その可能性と限界」小林頼子監訳『オランダ絵画のイコノロジー ──テーマとモチーフを読み解く』所収、NHK出版、2005年
エリカ・ラングミュア『静物画』高橋裕子訳、八坂書房、2004年
若桑みどり『薔薇のイコノロジー』(新版) 青土社、2003年

[花が表す象徴、寓意について]

木村三郎『名画を読み解くアトリビュート』淡交社、2002年
アリス・M・コーツ『花の西洋史事典』白幡洋三郎、白幡節子訳、八坂書房、2008年
ハンス・ビーダーマン『図説 世界シンボル事典』藤代幸一監訳、八坂書房、2000年
ジェイムズ・ホール『西洋美術解読事典』高階秀爾監修、河出書房新社、1988年 (新装版2004年)

[展覧会カタログ]

『シルヴァーノ・ロディ・コレクション イタリア美術展 ──知られざる静物画の伝統』日本テレビ放送網、1986年
サム・セガール『花の系譜 ──オランダ絵画の400年』ハインク・インターナショナル B.V.、1990年
『描かれた花 ゴッホからモンドリアン』キュレーター・オフィス、1998年
『花の光景 エルミタージュ美術館名作展』静岡アートギャラリー編、2005年
『ウィーン美術史美術館蔵 静物画の秘密展』東京新聞、2008年

板、65×101cm、マドリード、プラド美術館
図57：作者不詳（フランドル派）《愛好家の陳列室》1620年頃、油彩、板、95.9×123.5cm、ロンドン、ナショナル・ギャラリー
図58：ヒエロニムス・フランケンII世《愛好家の陳列室（ヤン・スネリンクの店）》1621年、油彩、板、94×124.5cm、ブリュッセル王立美術館
図59：ハンス・ヨルダーンスIII世《愛好家の陳列室》17世紀、ウィーン美術史美術館
図60：作者不詳《一角獣をつれた貴婦人 「嗅覚」》15世紀末、タペストリー、パリ、国立中世美術館
図61：ペーテル・パウル・ルーベンスとヤン・ブリューゲル（父）《嗅覚》1618年、油彩、板、65×109cm、マドリード、プラド美術館
図62：ヘラルト・デ・ライレッセ《五感》1668年、油彩、画布、グラスゴー美術館
図63：ヘルマン・ファン・アルデウェーレルト《五感》1651年、油彩、画布、117.5×206cm、シュヴェリーン美術館
図64：カラヴァッジョ《トカゲに咬まれる少年》1595-1600年頃、油彩、画布、66×49.5cm、ロンドン、ナショナル・ギャラリー
図65：アーニョロ・ブロンズィーノ《愛のアレゴリー》1544年頃、油彩、板、147×117cm、ロンドン、ナショナル・ギャラリー
図66：ヤン・ブリューゲル（父）とヘンドリック・ファン・バーレン《大地女神ケレスと四大元素》1604年、油彩、銅板、42×71cm、ウィーン美術史美術館
図67：ヤン・ファン・ケッセル《四大》17世紀、油彩、銅板、28×28cm、ストラスブール美術館
図68：ジュゼッペ・アルチンボルド《春》1573年、油彩、画布、76.5×63cm、パリ、ルーヴル美術館
図69：バルトロメオ・マンフレディ《四季の寓意》1610年頃、油彩、画布、134×91.5cm、デイトン美術研究所
図70：アードリアーン・ファン・ニーウラント《ヴァニタス》1637年、油彩、画布、40×37.2cm、ハールレム、フランス・ハルス美術館
図71：ヤーコプ・マレル《ヴァニタス》1637年、油彩、画布、カールスルーエ国立美術館
図72：ヤン・ファン・ケッセル《四大とホモ・ブラ》17世紀、油彩、画布、67.5×51.5cm、パリ、ルーヴル美術館
図73：ウィレム・ファン・アールスト《花瓶の花》1663年、油彩、画布、62.5×49cm、デン・ハーグ、マウリッツハイス美術館
図74：ポール・セザンヌ《青い花瓶》1883-87年、油彩、画布、61×50cm、パリ、オルセー美術館
図75：パウル・クレー《バラの庭》1920年、紙、油彩、ペン、厚紙に貼付、49×42.5cm、ミュンヘン市立レンバッハハウス美術館
図76：ルネ・マグリット《闘技士たちの墓》1960年、油彩、画布、89×117cm、個人蔵

図38：ロレンツォ・ロット《ロザリオの聖母》1539年、油彩、画布、384×264cm、チンゴリ、サン・ニコロ聖堂
図39：ジョヴァンニ・バッティスタ・パッギ《ロザリオの聖母》16世紀終り～17世紀初め、油彩、画布、ジェノヴァ、アカデミア・リングイスティカ・ディ・ベッラ・アルティ
図40：ハンス・バルドゥング・グリーン《ドロテアの殉教》1516年、テンペラ、板、78×61cm、プラハ国立美術館
図41：ルーカス・クラナハ（父）《聖ドロテア、聖アグネス、聖クニグンデ》「聖カテリナの殉教」三連祭壇画左パネル、1506年、テンペラ、板、123×64cm、ドレスデン国立美術館
図42：ジョヴァンニ・ディ・パオロ《ハンガリーの聖エリザベト》1445年頃、油彩、板、32×12cm、個人蔵
図43：ギュスターヴ・モロー《詩人と聖女（ハンガリーの聖エリザベト）》1868年、水彩、29×16.5cm、個人蔵
図44：ザカリアス・ゴンザレス・ベラスケス《聖カシルダの奇跡》1820年頃、油彩、画布、106×77cm、個人蔵
図45：フランシスコ・デ・スルバラン《聖カシルダ/ポルトガルの聖イザベル》1640年頃、油彩、画布、184×90cm、マドリード、プラド美術館
図46：クラウディオ・コエーリョ《リマの聖ロサ》1684-85年頃、油彩、画布、240×160cm、マドリード、プラド美術館
図47：ベルナルド・ストロッツィ《パレルモの聖ロザリア》17世紀前半、油彩、画布、66×50.6cm、カーン美術館
図48：フランシスコ・デ・スルバラン《銀の皿にのる水のコップとバラの花》1630年頃、油彩、画布、21.2×30.1cm、ロンドン、ナショナル・ギャラリー
図49：フランシスコ・デ・スルバラン《マリアの教育》17世紀前半、マドリード、個人蔵
図50：ディルク・デ・ブライ《聖母の象徴のある静物》1672年、油彩、板、37 ×31cm、アムステルダム、アムステルクリンフ美術館
図51：ダニール・セーヘルスとシーモン・デ・フォス《バラの花環の中の聖家族》17世紀、油彩、画布、95.2×64.7cm、ホーヘンブーヒャウ画廊
図52：カラヴァッジョ《果物籠》1596年頃、油彩、画布、31×47cm、ミラノ、アンブロジアーナ絵画館
図53：ヤン・ブリューゲル（父）《アイリスとユリのある花束》1606年、油彩、銅板、65×45cm、ミラノ、アンブロジアーナ絵画館
図54：ヤン・ブリューゲル（父）とヘンドリック・ファン・バーレン《花環の聖母子》1608年、油彩、銅板、27×22cm、ミラノ、アンブロジアーナ絵画館
図55：ペーテル・パウル・ルーベンスとヤン・ブリューゲル（父）《花環の聖母子》1617年、油彩、板、83.5×65cm、パリ、ルーヴル美術館
図56：ペーテル・パウル・ルーベンスとヤン・ブリューゲル（父）《視覚》1617年、油彩、

図19：サンドロ・ボッティチェリ《ヴィーナスの誕生》1485年頃、テンペラ、画布、172.5×278.5cm、フィレンツェ、ウフィツィ美術館
図20：セバスティアーノ・デル・ピオンボ《アドニスの死》1512-13年頃、油彩、画布、189×285cm、フィレンツェ、ウフィツィ美術館
図21:アレッサンドロ・アローリ《ヴィーナスとクピド》1570年以降、油彩、板、181×261cm、モンペリエ、ファーブル美術館
図22：ティツィアーノ・ヴェチェリオ《ウルビーノのヴィーナス》1538年、油彩、画布、119×165cm、フィレンツェ、ウフィツィ美術館
図23：フォンテーヌブロー派《化粧する貴婦人》1580年代、油彩、板、135.9×108.2cm、マサチューセッツ州、ウースター美術館
図24：ペーテル・パウル・ルーベンス《三美神》1620-24年頃、油彩、板、119×99cm、ウィーン美術大学絵画館
図25：エティエンヌ=モーリス・ファルコネ《クピド》1757年、大理石、高さ91.5cm、パリ、ルーヴル美術館
図26：サンドロ・ボッティチェリ《ラ・プリマヴェーラ（春)》1482年頃、テンペラ、板、203×314cm、フィレンツェ、ウフィツィ美術館
図27：カルロ・チニャーニ《フローラ》17世紀後半-18世紀初め、油彩、画布、67×54cm、モデナ、エステ美術館
図28：カルロ・ドルチ《聖母子》1642年、油彩、画布、101×87cm、モンペリエ、ファーブル美術館
図29：ロレンツォ・ヴェネツィアーノ《聖母子》1372年、テンペラ、板、126.2×56cm、パリ、ルーヴル美術館
図30：作者不詳《聖母子》16世紀初め、木彫、パリ、国立中世美術館
図31：マッシモ・スタンツィオーネ《聖母子》1640-45年頃、油彩、画布、132×102cm、パリ、ルーヴル美術館
図32：フランクフルトの画家《風景の中の聖母子》15世紀終り-16世紀初め、油彩、板、76×46cm、パリ、ルーヴル美術館
図33：フランシスコ・デ・スルバラン《茨の冠を見つめるキリスト（ナザレトの家)》1630年頃、油彩、画布、165×230cm、クリーヴランド美術館
図34：フラ・アンジェリコ《受胎告知》1430-32年頃、テンペラ、板、194×194cm、マドリード、プラド美術館
図35：シュテファン・ロッホナー《バラの園亭の聖母子》1448年、テンペラ、板、51×40cm、ケルン、ヴァルラフ=リヒャルツ美術館
図36：ヤン・ファン・エイク《泉の聖母》1439年、油彩、板、19×12.2cm、アントウェルペン王立美術館
図37：上部ライン地方の画家《パラダイスの小園》1410-20年、テンペラ、板、26.3×33.4cm、フランクフルト、シュテーデル美術研究所

★図版一覧

図1：イグナス＝アンリ＝テオドール・ファンタン＝ラトゥール《6月のバラ色の豊かさ》1886年、油彩、画布、70.5×61.6cm、ロンドン、ナショナル・ギャラリー
図2：ヤン・ファン・ハイスム《テラコッタの壺に生けた花》18世紀前半、油彩、画布、80.5×62cm、アムステルダム歴史博物館
図3：ジャン＝バティスト・モノワイエ《花瓶の花》17世紀後半、油彩、画布、90×70cm、東京富士美術館
図4：ディエゴ・ベラスケス《バラ色の衣装のマルガリータ王女》1653-54年頃、油彩、画布、128.5×100cm、ウィーン美術史美術館
図5：エドゥアール・マネ《テーブルクロスの上の2本のバラ》1882-83 年、油彩、画布、19.3×24.2cm、ニューヨーク近代美術館
図6：バルトロメウス・ファン・デル・ヘルスト《アーブラハム・デル・クルトとマーリア・デ・ケールセヒーテルの肖像》1654年、油彩、画布、172×146.5cm、ロッテルダム、ボイマンス＝ファン・ビューニンゲン美術館
図7：アントワーヌ＝ジャン・グロ《クリスティン・ボワイエ》1800年以降、油彩、画布、214×134cm、パリ、ルーヴル美術館
図8：エドワード・ポインター《ラングトリィ夫人》1877年、油彩、画布、76×66cm、ジャージー・ヘリテイジ・トラスト
図9：ペーテル・パウル・ルーベンスとオシアス・ベールト《パウシアスとグリケラ》1615年頃、油彩、画布、203.2×193.4cm、サラソタ、リングリング美術館
図10：オシアス・ベールト（と工房）《蛇文の花瓶、籠、東洋の桶、ガラス花瓶に生けた花》17世紀、油彩、板、96×129cm、アメリカ、個人蔵
図11：《バスケットの花》紀元2世紀、舗床モザイク、64.5×104.2cm、ヴァチカン美術館
図12：ヨハネス・ボスハールト《バスケットの花》1627年、油彩、銅板、34×45cm、パリ、ルーヴル美術館
図13：《バラとツグミ》紀元1世紀後半、フレスコ、ポンペイ、アレクサンドロスの結婚の家
図14：ローレンス・アルマ＝タデマ《アントニウスとクレオパトラの会見》1883年、油彩、画布、65.5×92.3cm、個人蔵
図15：ローレンス・アルマ＝タデマ《ヘリオガバルスのバラ》1888年、油彩、画布、132.1×213.9cm、個人蔵
図16：ヘンリー・アーサー・ペイン《テンプル・ホールの庭園における紅白のバラ選び》1908年、水彩、金色塗料、50.2×55.5cm、バーミンガム市立美術館
図17：作者不詳《エリザベス・オブ・ヨーク》1500年頃、油彩、板、56.5 ×41.6cm、ロンドン、ナショナル・ポートレート・ギャラリー
図18：A. W. N. ピュージン《ウェストミンスター宮用壁紙デザイン》1847年、紙、63×57cm、ロンドン、ヴィクトリア・アンド・アルバート・ミュージアム

著者紹介

大場秀章（おおば ひであき）

1943年東京生まれ。理学博士（東京大学）。
現在、東京大学名誉教授、同総合研究博物館特招研究員。

専門：植物分類学、植物文化史。
著書：『植物学と植物画』八坂書房、1996
『バラの誕生』中公新書、1997
『江戸の植物学』東京大学出版会、1997
『ヒマラヤを越えた花々』岩波書店、1999
『花の男シーボルト』文春新書、2001
『サラダ野菜の植物史』新潮選書、2004
『植物学のたのしみ』八坂書房、2005
『花の肖像』創土社、2006
『大場秀章著作選』I・II、八坂書房、2006
他多数。

望月典子（もちづき のりこ）

博士（美学、慶應義塾大学）。
現在、慶應義塾大学文学部等講師。

専門：西洋美術史、フランス17世紀美術。
主要論文：
「ニコラ・プッサンにおける古代美術の受容」2002（鹿島美術財団賞受賞）
「ニコラ・プッサン作《バッコスの勝利》と《パンの勝利》―リシュリュー城「王の陳列室」の装飾における意味について」2006（美術史学会論文賞受賞）
『ニコラ・プッサンにおける古代美術とラファエッロの受容―画家の制作論および観者の期待と画家の戦略の観点から』慶應義塾大学博士論文、2008
他。
共著・共訳書：
小林頼子監訳著『ヤン・ライケン 西洋職人図集』八坂書房、2001
エディ・デ・ヨング『オランダ絵画のイコノロジー』小林頼子監訳、NHK出版、2005
他。

オールド・ローズ・ブック ―バラの美術館―

2009年 5月25日　初版第１刷発行

著　者　大　場　秀　章
　　　　望　月　典　子
発行者　八　坂　立　人
印刷・製本　シナノ書籍印刷(株)
発行所　(株)八　坂　書　房
〒101-0064　東京都千代田区猿楽町1-4-11
TEL.03-3293-7975　FAX.03-3293-7977
URL.: http://www.yasakashobo.co.jp

ISBN 978-4-89694-933-9

関連書籍のご案内

表示価格は税別価格

バラの画家 ルドゥテ

菊判　２６００円
シャルル・レジェ著／高橋達明訳

18世紀末～19世紀初め、激動のパリで花に魅せられひたすら描き続けたP＝J・ルドゥテ。最も高名な植物画家の生涯と、魅力溢れるボタニカルアートの世界を、１００余点の美しい図版とともに綴る！

花のギャラリー
―描かれた花の意味

菊判　３４００円
小林頼子著

花と美術を愛する人へ、花の名画の魅力再発見！古代ローマの壁画にはじまり、20世紀に至るまで、花を描いた美しい絵画90点をカラーで紹介。時代を追った花の絵の見方を、気鋭の美術史家が懇切に綴る。

チューリップ・ブック
―イスラームからオランダへ、人々を魅了した花の文化史

四六判　２８００円
小林頼子・ヤマンラール水野美奈子・國重正昭他著

チューリップの故郷トルコ・イランとオランダを中心に、美術作品を辿りながら文化史を中心に綴る。日本への渡来、主な原種や園芸品種の解説、「チューリップ狂時代」の貴重な基本文献を併載。美しく資料性も高い決定版。

植物学と植物画

A5判　５６００円
大場秀章著

ルドゥテ、エイレット、フィッチ……植物学者のパートナーとして生物科学の発展に寄与した彼らの系譜と足跡、そして、現代の植物画家たちの活躍、さらにボタニカル・アートの未来を展望する。植物画と植物学を結ぶわが国初の著作！

花の図譜ワンダーランド

A5判　７８００円
荒俣　宏著

美しい図版を眺めながら、植物図譜の成立からその歴史、園芸との係わり、名作や傑作の紹介、アーティストの生涯と作品など、全てを語り尽くす。日本では見ることの出来なかった貴重な図譜が満載。

蘭百花図譜
―19世紀ボタニカルアート・コレクション

A5判　３６００円
編集部編

華麗な『オーキッド・アルバム』、超大型本『メキシコとグアテマラのラン』など19世紀の植物図譜より、カトレア、シンビジウム、コチョウランほか代表的な洋蘭の原種・交配種96点を厳選。巻末に、珍しいランを求めて世界中を旅したプラント・ハンターや当時の蘭収集ブームなどについての情報を併載。